U0573232

岁月从不败美人

优雅女神赫本传

奥黛丽·赫本

纪云裳 / 著

江苏凤凰文艺出版社
JIANGSU PHOENIX LITERATURE AND
ART PUBLISHING LTD

都说世间好物不长久，彩云易散琉璃脆，可奥黛丽·赫本让我们看到了恒久美好的奇迹。

PART 1

敬畏生活

世界以痛吻我，而我报之以歌

在童谣中，小女孩代表甜蜜的心，清香的灵魂，还有一切的美好。她相信这是亲情的祝福，是值得她用生命去守护的约定。她也相信即便有一天身处泥淖之中，精神的力量也始终高于物质。而当一个人经历了最深的黑暗，就会愈加珍惜生命与生活，对一切美好的事物都怀有崇高的敬意。

PART 2 / 寻梦之旅

纵有疾风起，人生不言弃

　　还记得独自走在皮卡迪利大街上的情景，身边是波澜壮阔的夜色，天空中偶尔响起飞鸟迁徙的声音，路边的车灯在阴冷的雨雾中打出金灿灿的光束，就像童话里另一个世界的入口……她心绪涌动，四顾伶仃，却始终感觉有一股强劲的力量，在支撑着疲倦的肉身，以至于不被生活的风浪倾覆。

PART 3

璀璨星途

我不会试图摘月，我要月亮奔我而来

"我不会试图摘月，我要月亮奔我而来。"在无数次面对逆境，面临选择的时候，这句话都会带给她勇气与力量。而电影之外，通过与纪梵希的合作，她也找到了自己的个人风格和性感法则——拒绝千篇一律，拒绝迎合和取悦，时代的洪流滚滚向前，唯有个性永不褪色。

PART 4

流金岁月

漂亮得不像实力派

《蒂凡尼的早餐》上映后，她戴着墨镜，身着纪梵希小黑裙，手持长烟斗的银幕形象，成为影迷心中不可复制的经典，以及一名演员用实力成就的流金岁月。记得多年后，她去蒂凡尼取首饰，一位新来的店员礼貌地询问："请问您有什么证件？"她摘下墨镜，对店员优雅一笑："我的脸。"

PART 5

亲善大使

美是天赋，爱是能力，而善是选择

一个女人要如何才能永不枯萎？生涯漫漫，岁月如刀，仅凭美貌到底是独木难支，更遑论挨过命运的枪林弹雨。只有不断练习爱的能力，精神的强度与韧性，才能在经历命运的击打，生活的过滤，时间的盘剥，世事的倾轧，情感的磨砺之后，依旧守护好一颗初心，翩然行走世间，将眉间的山川，化作嘴角的春风，去温暖每一个人。

附录

天使在人间

PART 1

敬畏生活

世界以痛吻我，而我报之以歌

我也曾跌落深渊，但总有灯光为我指引。

——奥黛丽·赫本

当蝴蝶在身体里飞舞的时候，她便可以忘掉所有的哀愁，将整个身心都沉浸在轻盈而美好的舞蹈世界里。

01

当蝴蝶在身体里飞舞的时候

在奥黛丽·赫本记忆的源头，总有一台留声机在房间里叮咚流淌，巴赫的音乐，如新月洒落的光芒。

"为何要听音乐？"时年 5 岁的奥黛丽，仰着稚嫩的脸问母亲。

母亲站在窗边，窗外是 1934 年 5 月的布鲁塞尔的天空，白云飞渡，青山逶迤，尘世比夏花更绚烂。

"是为了跳舞。"母亲缓缓回过头，她的声音里藏着回忆的苍凉——年华烂漫时，她曾想成为一名歌剧女伶，但女男爵的身份终究隔绝了她的梦。

时光不会倾覆，梦想却可以延续。

在母亲的提示下，奥黛丽很快捕捉到了节拍，开始打开手臂，随着音乐旋转身体，闭上眼睛时，一颗心轻盈得仿佛要飞起来。

"我身体里的蝴蝶全都苏醒了！"

"真是一个有天赋的孩子。"母亲看着女儿，嘴角终于绽开一丝欣慰的笑意。

在奥黛丽的印象里，母亲是极少笑的，尽管她笑起来非常美，面如春花，眼睛里似有熠熠晨星——她的结婚照片，曾定格了她最美的模样。

但童年时期的奥黛丽尚不知母亲为何会与父亲争吵，不知道为何在狼狈的婚姻之下，一个女人的骄傲与矜贵会一点点地被碾作尘泥，不知道语言为何会比世间的刀剑更锋利，一字一句都浸透人心的薄凉，然后将生活平静的表象戳穿、撕裂、摧毁，又将往昔的恩爱杀得片甲不留。

奥黛丽只会在他们争吵的时候躲到桌子底下，咬着手指，不敢哭出声音，或者是跑到郊外去，和她的松鼠朋友们倾诉心事。

奥黛丽给郊外森林里的松鼠们都取上了名字，又把家里的饼干悄悄带出去给它们当点心。它们与她相熟，经常会爬到她的肩膀上，听她说话，然后用可爱的脏爪子挠痒她的脸颊。

那时，她就会获得一种奇妙的满足，像一块巧克力在心里化开，也不会再感觉到孤独和害怕。

那时，就好比她渴望得到爱一样，她更渴望付出爱。

"给予"远比"索取"更能让人心安，而"给予"的前提，就是自身要足够强大—这便是她在涉世之初明白的道理。

每次奥黛丽从郊外回来，都会弄得一身泥巴。如果被母亲撞见，总免不了一顿责备："奥黛丽，你又去爬树了吗？"

但如果是父亲或是保姆葛丽泰，他们都不会为难她，甚至会帮她在母亲面前"蒙混过关"。

"奥黛丽，请注意你的言行。"

"奥黛丽，请不要忘记你的身份。"

……

母亲的话又在耳边浮现，伴随着她不怒自威的神情。

她一生都在奉行维多利亚时代的贵族精神，同时在女儿身上寄予厚望，希望女儿能成为淑女，延续她贵族的灵魂，身上具备艺术的天分，骨子里又不失坚毅与温柔。

于是，在奥黛丽6岁那年的秋天，母亲决定将她送到英国肯特郡的一所寄宿学校上学。

离家三百公里，芭蕾是那里的必修课。

母亲告诉奥黛丽，之所以选择芭蕾，是因为芭蕾最为高贵优雅，学习的过程却最为隐忍艰难，但为了锻炼意志，磨砺性情，她有必要这么做。

奥黛丽明白母亲的苦心，所以在学校，她每天都是最早到来，最晚离去的那一个。求学数年，每一年，她都是校长亲点的优秀学生。

奥黛丽还记得那个时候，天幕一角的月影还未褪尽，天色则是淡淡的鸭壳青，黎明的光线在空气中拂动，她从宿舍穿过校园走向练功教室的情景。清风吹在她脸上，她会想象自己是一只等待破茧的蝴蝶，美好的未来就在前方，心里藏着星星点点的孤独，却又夹杂着隐秘的兴奋。

奥黛丽告诉前来探望她的母亲："我要成为一名舞蹈家。"

她想起利登校长挂在练功教室的那张画像。

画中人身着薄纱，头戴花冠，赤足而舞，就像森林的女儿，柔美，灵动，又充满旺盛的生命力……那就是伟大的舞蹈家伊莎多拉·邓肯。

邓肯生前曾是利登校长的老师，而邓肯的老师却是大自然——在月光下起伏的海浪，在微风中颤袅的花瓣，飞舞的蜜蜂，停驻的蝴蝶，振翅的海鸥……都是她的老师，赋予她最美好的灵感和内心的触动。

"奥黛丽，你是我带过的学生中最有潜质的一个。"奥黛丽也一直记得，利登校长在邓肯画像下对她说过的话。

的确，她天生就喜欢被羡慕的目光包围的感觉。在舞台上，她可以用舞步画下一片天下，而她就是舞台的女儿，自己的王者。

但她也知道，跳舞不仅是为了取悦和证明自己，为了成就她小小的野心，同时也是一种自她相处的方式，自她疗愈的方法……

就在奥黛丽过完 6 岁生日不久后的一天，发生了一件事。

那是她童年记忆里最大的伤痕，以至于很长时间都无法修复。

她的父亲毫无征兆地就离家出走了，再也没有回来。而他当时告诉她，他只是想出门买一包香烟。

回溯记忆，相比母亲的严苛，与父亲在一起，才是她童年时期最快乐的时光。

奥黛丽的身边一直保留着儿时的几张照片，其中有一张就是和父亲拍的。她4岁左右，父亲拉着她的手，站在她身边，叼着一支烟斗，高大英俊，眼神邃深。

那时的她还读不懂父亲的心，只知道最亲的人在身边，便可尘嚣不染，童心绚烂。

她喜欢父亲带着她在草地里滚来滚去，喜欢父亲把她抱在身上，亲昵地喊她"小猴子""小精灵"，喜欢父亲带给她的一切礼物……

但一切都不复返了。

父亲走了，家中再也没有争吵声，而她的世界也自此坍塌了一半。

那段时间，她变得不再爱说话，经常做梦，梦见她永远追不上父亲的背影，最后扑倒在地上，大声地哭喊，将自己哭醒。

她患上了贪食症，试图用食物的温暖来抚慰情感的缺失，但显然没有意义，食物除了给肠胃带来片刻的饱胀感之外，并不能为内心带来任何的安全感，而痛苦就像沼泽，几近将她吞没。

"奥黛丽，生活还要继续，沉湎痛苦对你毫无帮助。"

母亲声音疲惫，却依然充满力量。

母亲站在她面前，擦去她的眼泪，然后扬起脸，继续维护着一个男爵夫人的姿态，维护着那种宁愿对着地板倾诉苦楚，也不会在他人前吐露分毫的体面，哪怕是对着自己的女儿。

但她分明看到，母亲的眼神越来越冷，像一汪深潭，长满青苔，浮着萎谢的花。

好在还有舞蹈。

不久后，奥黛丽便来到了肯特郡。当蝴蝶在身体里飞舞的时候，她便可以忘掉所有的哀愁，将整个身心都沉浸在轻盈而美好的舞蹈世界里。

只不过，还是会不可避免地梦到父亲，梦到父亲来看他。

1938 年夏天的某个周日，父亲真的来看她了。

当时，她的父母已经办好了离婚手续。

那一天，父亲在她的名字里加了一个"赫本"的姓氏，从而变成了"奥黛丽·凯瑟琳·赫本·罗斯顿"。

父亲告诉她，这是一个他在家谱中新发现的姓氏，有着传奇的高贵血统，"永远不要忘记你的名字，奥黛丽，你会为你的名字骄傲的"。

"我永远不会忘记我的名字，我叫'奥黛丽·赫本'。"她对父亲说道，声音轻微却清晰。

父亲满意地笑了，奥黛丽便不再说话。

嘴唇封缄了承诺，她也在心底埋下了一枚秘密的种子。

奥黛丽还记得那一天的黄昏，天色有些阴郁，她跟在父亲身后，穿过铺满鹅卵石的老街，街边的紫藤花窸窸窣窣地擦着她的手臂，他们一直走到海边。

她看到许多的彩色小船泊在海湾里，海鸥拍打着翅膀在头顶盘旋，牡蛎节的烟花在小镇上空朵朵绽放，海风呼啸，海浪在耳边发出震耳欲聋的声响，父亲站在一块巨大的礁石上面，神采飞扬，目光如炬，打开双臂对着海浪大声呐喊，仿佛君临天下。

父亲告诉她，他正在秘密地做一件大事，而且很快就会成功，到时候，世界将是另外一番天地。

她听不懂，当然他也不需要她听懂，或许在那条他愿意为之倾其所有，奋不顾身弃她而去的"光明"大道上，他只是在偶尔回过头的时候，会觉得有一丝丝孤身上阵的寂寞。

当然，她也没有告诉他，自他离开家以后，她的世界就已不再完整如初。

奥黛丽永远都不会忘记，童年时代最后一次见到父亲的情境。

那是 1939 年 9 月下旬的一天，父亲被政府下令遣送到马恩岛监禁，因为他身上有"法西斯主义者"的嫌疑。

在滑铁卢车站，在火车茫茫的蒸汽中，她隔着汹涌的人群和军队，看到父亲满是瘀青的脸，他的双眼布满血丝，是一种她从未见过的痛苦、疲惫与空虚。她惊恐地大声喊着父亲，但他始终没有对她做出任何回应。

她想不顾一切地向他跑去，想摇着他的胳膊问他到底发生了什么，却被母亲紧紧捂住了嘴。

母亲在她耳边压低声音说，有些事情，你长大了自然会明白。

母亲还告诉她，时局动荡，纳粹入侵了波兰，英国也已应战，为了保证她的安全，必须立刻带她回荷兰——因为当时荷兰已经宣布中立，但母亲没有想到，荷兰最后还是没能躲过战火的侵袭，甚至远比英国要惨烈得多。

就那样，奥黛丽看着父亲的背影渐渐在人群中变得模糊，火车轰隆隆地开动，最后一节车厢消失在视线尽头，她再也看不到他⋯⋯

她的鼻尖不禁一阵酸楚，眼泪夺眶而出。

跟着母亲，奥黛丽坐上了一架橙色的飞机，机翼擦过云层，穿越英吉利海峡，一直向着荷兰飞去。

在飞机上，她再次梦见了父亲，醒来时，出现在她面前的，已是荷兰的土地和大片大片的郁金香。一群蝴蝶在花上自由地飞舞，她却感觉自己做了一场久远的扑蝶旧梦，内心一片沉甸甸的悲伤。

那一刻，站在荷兰的花香与阳光中，她知道，她已经彻底失去了父亲。

而她的童年，也随之结束了。

小女孩的身体里，有甜蜜的心、清香的灵魂，还有一切的美好。她相信，这是亲情的祝福，也是值得她用生命去守护的约定。

02

父亲母亲，来处与归途

1939 年 9 月，奥黛丽又回到了阿纳姆，回到了她母亲成长的地方——威尔普小镇的多伦庄园。

威尔普风景清幽，气温宜人，那时还没有被战火打扰，在澄澈的蓝天下，木质风车在山脉的轮廓下悠悠地旋转，奶酪的浓香、花朵的芬芳在鼻尖上缱绻，每一寸空气里都流动着故土的温馨。

在那里，她的母亲也不再是约瑟夫·维克多·安东尼·罗斯顿的夫人，她是埃拉·凡·赫姆斯特拉，是一出生就拥有女男爵头衔的皇室后裔，是以家族血统为荣的单身贵族。

最重要的，是那一方土地，曾珍藏了她灿若黄金的青春记忆，以及她一生中最美好的年华。

母亲相貌娇美，明眸皓齿，风姿绰约，自小接受维多利亚式的教育，又尤为喜欢戏剧，对歌舞有着别样的天赋。

18岁那年，她第一次在月光倾城的郁金香剧院展露美妙的歌喉，谢幕时，热烈的掌声经久不息，像一片浩瀚的海将她托起，她永远忘不了那个光芒万丈的时刻。而她身披羽衣，踮起脚尖在舞台上旋转身体的样子，则成了无数阿纳姆贵族青年心中不可触及的梦。

埃拉在年满20岁时走进了她的第一段婚姻，对方是一位荷兰贵族，也是她众多的追求者之一。但他们的婚姻只维持了五年，其间，埃拉先后诞下两名男孩——亚历克斯和伊安。

遇见约瑟夫·维克多·安东尼·罗斯顿的时候，埃拉正在印度尼西亚散心。

那是1926年的春天，埃拉的父亲在荷属殖民地担任总督，埃拉前去探亲，同时希望用一段异域时光来治愈婚姻破裂的伤痕。

不久后，他们便在散发着浪漫气息的海岛上邂逅了。

时年38岁的约瑟夫是苏门答腊岛的名誉领事，他长相英俊，身材高大，会说十几种国家的语言，马球技术一流，而且有一双深情的眼睛，黑色的瞳孔里，仿佛藏着神秘的东方风情。

埃拉后来告诉她的女儿，当时在白鸟旋飞的海岛上，约瑟夫穿着一身白色的骑马装微笑着向她走来，手中还拿着她被海风吹走的丝巾，就是在那一刻，她对他有了初次的心动。

1926 年 9 月，埃拉和约瑟夫在雅加达举行了婚礼。

婚礼上，埃拉因为觉得太过幸福而忍不住热泪盈眶，看他们结婚的照片，埃拉也的确娇羞如少女——尽管在她的家族看来，她与一个仅有虚衔在身的异国平民结合无疑是委屈下嫁，且那已是新郎的第三次婚姻，但她坚信自己遇到了一份上佳的姻缘，嫁给了真正的爱情，无须身份与金钱的附加，他们不过是在晚一点的时间遇到了对的人。

约瑟夫是出生在波西米亚的英国人，家境普通，却有着聪明的头脑和喜欢冒险的精神，依靠个人魅力，他终于在青年时代踩着婚姻的跳板，获得了看似体面的工作及上流社会的通行证。

譬如在临近不惑之年时，他又成了许多人艳羡的女男爵的丈夫。当然，他对妻子背后的凡·赫姆斯特拉家族的财产和能力也深信不疑，就像深信自己的后半生一定可以过上安然无虞的生活。

然而新婚的甜蜜与激情终究会过去，随着时间的推移，埃拉慢慢发现，原来她并不是那么了解她的丈夫，她不明白他为何可以心安理得依赖她娘家的财产过活，每天衣着光鲜地出入高档会所，却不愿从事任何实质性的工作，而身为凡·赫姆斯特拉的家族成员，她与她的父辈、兄妹一样视勤劳为美德，认为一个人无论身份如何，家境如何，都应该拥有自食其力的能力。

诚然，哪怕是担任地方总督的埃拉的父亲，也有一份法官的工作。她的哥哥们也都是勇于为家国承担责任的人。所以数年后，家人们在战争中失去一切时，埃拉还可以依靠自己的双手，撑起一家人的生活，恪守家族的尊严。

埃拉还告诉奥黛丽，结婚仅一年，她就和丈夫发生了激烈的争吵，她看着他脸色铁青地摔门而去，心就像是被震碎了一般，自此无法复原。

1928 年的冬天，埃拉发现自己有了身孕，新生命的到来让她很想挽回与丈夫的关系。

或许是迫于凡·赫姆斯特拉家族的压力，或许是想换一个环境生活，又或许是因为心底的父爱，约瑟夫终于答应接受他的岳父为他安排的新工作，去比利时的英国保险公司担任职务。

如此，奥黛丽的父母便带着她的两个哥哥，一路漂洋过海来到布鲁塞尔，一个乐曲飞扬、每一条街道都弥漫着黑啤与巧克力香气的城市，也是几个月后她出生的地方。

1929 年 5 月 4 日，奥黛丽出生了，但父亲缺席了她初临人世的时刻。一个月后，她又染上了百日咳，日夜哭闹，性命危在旦夕，她的父亲依旧没有在她们身边。

有一天，小奥黛丽突然在一阵剧烈的咳嗽后心脏骤停，把葛丽泰吓得脸色煞白，她赶紧抱着婴儿去找女主人——好些年后，葛丽泰跟说起当日的情形，还依然心有余悸。彼时埃拉却冷静地祷告着，不间断地轻轻拍打女儿的身体——她是个虔诚的基督教徒，认为精神才是治疗疾病的良药。过了半晌，奥黛丽真的续上了气息。

就在那次奥黛丽奇迹般的"死而复生"之后，母亲带她拍了一张合影。照片上，埃拉嘴角上扬，将奥黛丽抱在膝上，目光温柔地注视着女儿，奥黛丽睁大了眼睛，用黑丝绒一般的瞳孔打量着周围的世界，但显然，那个时候的她，还看不懂人世间的任何哀愁。

成年后，奥黛丽翻阅记忆，不知为何，那张合影总是会让她想起父亲，或许是因为在相貌上她几乎遗传了父亲的全部基因，而对于母亲，如果没有那张照片和亲人们的见证，她想她可能真的会遗忘，原来在她的童年时代，她们母女之间也曾有过那般亲密的时刻。

埃拉极少对人显露她的温柔，一如极少对人袒露她的脆弱。

奥黛丽记得每次母亲和父亲吵完架，母亲都会在背地里哭泣，又不愿被人察觉，便以淡妆遮掩……奥黛丽不知道，是不是一个人的眼泪每流出去一点，头脑就会变得更冷静一点，而心也会变得更坚硬一点。

以至于母亲对待孩子们的方式，也是一种严师般的深沉刚毅的爱，除了点到为止的睡前亲吻，她甚至很少拥抱他们，更别说日常生活中的亲昵举动。

而父亲不一样。

约瑟夫一辈子活得放荡不羁，也活得心血来潮；他是个浪漫的冒险者，也是个无情的野心家；他可爱又可恨，暴烈也温柔……但无论如何，奥黛丽总是相信，一个人最初的记忆是不会骗人的。

奥黛丽也相信，正是人的记忆，让时间有了痕迹，让世间的情感得以流通，让一座城市知晓冷暖，让自身在前行时有了参照。

奥黛丽永远记得小时候，父亲会趁她睡觉后，轻轻在她额头印下一记亲吻。

约瑟夫或许不知道，他那双黑丝绒一般的眼睛，曾给女儿留下了童年最温暖的记忆。那时，听到他的脚步声，小奥黛丽就会假装睡去，然后安静地享受他目光的安抚，房间里音乐流泻，童谣悠悠，头顶的水晶吊灯，在她的眼眸上洒下皑皑雪光。

只是后来奥黛丽才知道，当时父亲除了工作之外，几乎把全部的时间和精力都花在了他的逐梦之路上，他结交了许多英国法西斯联盟的"铁腕人物"，经常在妻子耳边滔滔不绝地阐述他的政治言论与"英雄梦想"，"我们已经踏上了胜利之路，黎明就在前方，一个崭新的时代就在前方……"

于是，为了家庭的融洽，埃拉做了一个让她后悔终生的决定，她要与她的丈夫并肩作战，为该联盟招募成员，筹集经费，继而将家中的大部分资产都捐献其中。

直到她的丈夫离家的那一天，埃拉才如梦初醒，她一直希望做他的同行者，哪怕明知前路迷茫，荆棘密布，她也可以无所畏惧地陪伴在他身边，而他却一直将她当成路上的摆渡人，当有一天他到达了终点，哪怕只是一个幻象，他也可以心安理得地将她抛在身后。

约瑟夫一生追逐的英雄信仰，也不过是源于内心真正的虚空。为了填补这样的虚空，有人用金钱，有人用欲望，有人用爱，有人用恨，也有人用信仰。

所以，埃拉决然切断了与法西斯主义联盟的一切联系，从此谨言慎行，悉心打理家族的生意，而往昔种种，皆成心伤，蓦然回首间，有多少错付于人的痛，就有多少不可言说的耻恨……

1939 年 10 月，埃拉带奥黛丽去祭拜外婆。

在墓碑前，埃拉跟女儿说了很久的话，她语气平静，面容清淡，仿佛在叙述另一个女人的情感与往事。

埃拉没有问女儿能不能听懂，又仿佛是把女儿当成一个树洞，而女儿则用一个少年的沉默回应着她。

最后，奥黛丽听到母亲的声音像一朵云落在她的耳边，母亲告诉她，这片土地，这片土地下的人，曾是她生命的来处，也将是她最终的归途，如今，又成了她的退路。

她抬起头，看到母亲那一刻的眼神，就像头顶的天空，大风吹开云朵的清朗。

时隔多年后，奥黛丽忆起那一刻，她想智慧如母亲，其实并非勘破了爱情的真相，而是懂得了人心不可勉强。

行走世间，悔恨终究不能成为武器，它只是一种毒药，会时时刻刻反噬人的内心。

而埃拉与约瑟夫之间的缘起缘落，对错纠葛，只是因为她甘愿为他当飞蛾，而他却天生就是一只关不住的鹰，没有轨迹，永远迷恋远方的天空。

历经小半生后，奥黛丽选择终老一生的地方，推开窗户，就能看到皓白荧亮的冰雪，一如初涉尘世时，眼眸上水晶吊灯的光芒——

彼时，她尚未尝到世事的苦，就已经记住了世界的甜，她的父母都在身边，耳边依稀是巴赫的音乐和《鹅妈妈的童谣》：

小男孩是用什么做的？
青蛙和蜗牛
还有小狗的尾巴
小女孩是用什么做的？
糖果和香料
还有一切的美好

那一个记忆的片段，便是她生命的来处与情感的归途。

无论时间如何变幻，她只要一闭上眼睛，想到那个来处，就能听到父亲在她耳边轻轻地哼唱，一如雪花扑面的温柔。

父亲曾告诉她，他喜欢小女孩，因为小女孩代表了甜蜜的心、清香的灵魂，还有一切的美好。

她相信，这是亲情的祝福，也是值得她用生命去守护的约定。

当岁月的云烟随着成长的年轮渐渐淡去，那些记忆就会沉淀成她心底珍藏的珠贝，以及她一生爱的光源。

她相信，即便是身处泥淖之中，
精神的力量也始终高于物质。

03

她痛恨一个叫"战争"的词

曾有不少人问过奥黛丽同一个问题："你是亲历过战争的人，那么战争到底有多残酷？"

是的，她是一个亲历过战争的人，五年的黑暗岁月，摧残了她的身体，撕碎了她的梦想，让她亲眼看着她的同胞和亲人在她面前死去……

她甚至不知道，如果亲历战争的人有预知未来的能力，当初还有没有勇气来到这个世界上。

但大多数的时候，她都不想回应。

并非避而不答，而是这世间根本没有恰当的语言来承载那种痛苦。如果非要说的话，她只想告诉他，和平有多美好和奢侈。

1940 年，阳春三月，多伦庄园，来自莱茵河的微风比夜莺的翅膀还要娇柔，园子里草木葱茏，细碎的花瓣轻轻飘落，黄昏静谧的气息随着暮色悄然降临，她的指尖依然在琴键上跳跃。

　　"奥黛丽，再练习一遍就休息。"母亲站在她的身后，不断纠正她的指法，俨然是一位合格的严师。她点点头，余光刚好捕捉到了母亲眼角溢出的温情。

　　待暮色再深一层，她的姨妈米斯耶就会开始在厨房里准备晚餐，灶台上火光闪烁，熟透的咖喱香气飘荡在整个屋子里，慢悠悠地渗入感官，缔结记忆，让生命中的某个时光切片保存得鲜活饱满。

　　夜间，她在母亲小时候住过的房间里入睡，看着窗外点点灯火在远方闪烁，像星星落在树梢，时间在绵绵的夜色中流逝，一如她的平静生活，有陪伴，有方向，有期待。

　　是年春天，奥黛丽每天都活在期待里。

　　彼时，她已经是阿纳姆音乐舞蹈学院的学生，师从薇加·马诺娃，跳好芭蕾是她的使命。

　　所以当同学们乐于在课余时间谈论电影明星的花边新闻时，只有她宁愿坐在角落里，默数自己心里的星，如玛格·芳登、安娜·巴普洛娃……她们都是非常杰出的芭蕾舞演员，也是带给她前行力量的灯盏。

　　母亲告诉她，就在不久后的五月，萨德勒斯威尔斯芭蕾舞团将到阿纳姆慰问演出，玛格·芳登正是该舞团的首席女演员，她将搭档罗伯特·赫普曼表演一场顶级的歌舞盛筵。

而奥黛丽恰好被选为学生代表，在演出结束后可以上台为她崇拜已久的玛格·芳登献花。

她喜出望外，一颗心怦怦跳着，像一只亟待破壳的小鸟。

5月9日，奥黛丽11岁生日后的第四天，威尔斯芭蕾舞团到阿纳姆演出。

几天前，母亲送给她一份特别的生日礼物，是一条精致的曳地长裙，她将穿着它，在威尔斯芭蕾舞团谢幕之时，上台把郁金香花束献给芳登。

那一幕，也成了她永生难忘的记忆，在灯光下，在掌声中，她走上台去，用激动的声音告诉芳登，郁金香是荷兰的国花，象征着美好、庄严、华贵与成功，也代表了荷兰人民的热情与精神。

她还告诉芳登："您是我的榜样。"

或许对于芳登来说，那一幕只是她表演生涯中的一个小小插曲，对于奥黛丽而言，芳登当时赞许的眼神，已经让她感受到了梦想的光芒。

因为一个人只要触及过那种光芒，无论身处怎样的环境，一辈子都不可能再忍受庸碌。

但战争的到来让一切的美好都戛然而止了。

5月10日，德军突袭荷兰。鹿特丹在猛烈的空袭下成了一片废墟，城中近三万居民不幸遇难，威廉明娜女王及政府要员流亡伦敦，阿纳姆也很快沦陷。

死亡的阴霾笼罩在城市上空，持续不断的空袭警报和炮火声让人胆战心惊。所有的平民被勒令留在室内，他们关闭了门窗，只敢偷偷向窗外望去，看到的却都是身穿灰色制服的德国官兵，官兵们手持机枪，已经控制了整个城市。

几周后，德军又掠夺了包括凡·赫姆斯特拉家族在内的贵族们几个世纪积累下来的财富，用来扩充他们的第三帝国。

一夕之间，凡·赫姆斯特拉家族一贫如洗。

更可恨的是，德军不仅占领他们的家园，洗劫他们的财物，残害他们的同胞，还妄想奴役他们的灵魂。

学校恢复上课之后，德军下令每个学生都必须学习德语课程，学习被篡改的历史，学习法西斯精神。电影院里，所有的英美影片都被禁止播放，从而换成了第三帝国的宣传片。

好在艺术课得以幸免，奥黛丽还可以继续上她的舞蹈课。

那个时候，梦想就是她生活里的微光，相比语言，她觉得她的双脚更懂得表达自她。

尽管到了冬天，德军切断了学校的供暖，在滴水成冰的教室里练功，脚趾全被冻伤，她也从未觉得辛苦过。

只是在母亲的一再叮嘱下，她需要把熟谙的英国口音藏起来，在所有的公共场合，都要用荷兰语跟人交流，而当陌生人问起名字时，她也不能吐露真名，只能告诉别人："我是艾达，艾达·凡·赫姆斯特拉，一个普通的荷兰人。"

如此，奥黛丽变成了"艾达"——直到战争结束。埃拉则成了抵抗联盟的领导人。她们在黑暗的生活中仰望天空，砥砺前行，等待黎明的降临。

抵抗联盟是由荷兰爱国青年成立的地下组织，目的是竭尽所能地为抗战出力，阻挡德军的入侵计划，为盟军争取时间。奥黛丽的舅舅、姨父、表哥和两个哥哥也投身其中。

不幸的是，奥黛丽的大哥亚历克斯被俘后就失踪了，一直生死未卜，这个消息让埃拉差点崩溃。

1942年8月，在抵抗联盟成功炸毁桥梁，阻止德军通行之后，奥黛丽的舅舅和姨父又被捕，他们随即被带往阿纳姆广场，和其他被捕成员一起，为家国献出了年轻的生命。

而那个看着至亲在自己面前被残忍射杀的场景，也一直是奥黛丽记忆里不愿回首的噩梦。

那一刻，奥黛丽站在人群里，被母亲捂着眼睛，但她还是看到了一切，她心里恐惧极了，痛苦极了，生平第一次那么痛恨一个叫"战争"的词。

但母亲告诉她，千万不可以哭，甚至不能表现出悲伤的神情，否则，就会被当成同谋被德军一起枪决。

想来也真是讽刺，那居然是她人生中第一堂"情绪表演课"……

德军的暴政让她明白,人性的冷酷远非她的想象,而母亲的冷静也让她明白,一个人原来可以如此坚强。

埃拉强忍着失去亲人的悲痛,又开始为家国的命运奔波。她四处联络成员,将抵抗联盟转到了家中的地下室,奥黛丽经常看到他们在一起开会,为抵抗行动出谋献策。

于是奥黛丽请求母亲,为她派发任务。家国蒙难,她也希望可以贡献出小小的力量。同时,她将自己教小朋友跳芭蕾舞的工资也捐给了抵抗联盟,虽然微不足道,但也是星星之火。

母亲答应了。

一天深夜,母亲把奥黛丽叫到身边,说抵抗联盟有一件很重要的事情需要她去做——有一名失联的英国伞兵躲藏在阿纳姆山区,但不久后德军就要去那里举行军事演习,所以她必须在德军到来之前找到那名伞兵,并负责通知附近的盟友,带伞兵转移到新的藏身之处。

"奥黛丽——不,艾达,你能完成吗?"母亲细细交代后,依然有些不放心。

"我保证,母亲。"

奥黛丽很明白,那不是过家家,一旦失误,她很可能就会因此送命,还会累及家人。但她相信自己,多年严格有素的芭蕾舞训练，会赋予她临危不乱的能力。

奥黛丽不仅会说英语，也会说荷兰语和一小部分的德语，而且，她年纪小，还只有 13 岁，应该不会太过引人注意。她想母亲派她去，已经是最好的选择。

没有人知道，每天生活在那样的环境里，她有多么渴望和平，为了和平，她愿意付出一切，哪怕是生命。

第二天黎明，奥黛丽换好衣服准时出发，向着山区前进，一路上阒无人声，空气压抑着，如暴风雨前的宁静，她耳边只有自己的呼吸。

依照母亲提供的讯息，她找到了森林腹地的小溪，可以为伞兵提供水源的地方。她在溪边唱了一支英国民谣，那是盟军内部用来接头的暗号。

过了片刻，那名伞兵就真的出现了。她小心翼翼地比对他的口音和服装，确定他就是抵抗联盟要找的人后，赶紧把指令告诉他，此地不宜久留，援助者会很快到达。

然而就在返回的时候，她与两名巡逻的纳粹士兵狭路相逢了。

她看到他们露出了警觉的神情，便弯下身子漫不经心地采摘野花。但很快他们就挡在了她的面前，用德语问她："为什么会出现在这里？"

那一刻，她的心紧张得快要跳出来——她只好假装自己听不懂德语，并朝他们灿烂一笑，接着又把手里的野花送给他们。好在他们交换了一下眼神后，就放松了警惕，其中一名士兵接过花束，还拍了拍她的脑袋，用手势示意她尽快离开。

她点点头，顺势离开了森林，大约一个小时后，她又用暗号辗转找到了盟友，顺利完成了营救任务。

而就在英国伞兵转移后不久，德军的部队就封锁了整片山区。

不久后，奥黛丽又开始进行地下募捐活动。

当时，这种募捐又被称作"黑色表演"，所选的场地必须极其隐蔽，没有灯光，没有掌声，四周都拉着黑色的幕帘。

奥黛丽设计了整套的舞蹈动作，又找了一位同学帮忙弹奏钢琴。为了支持女儿的表演，埃拉还专门为奥黛丽制作了一双舞鞋——由于物资匮乏，她只能用毛毡布来拼接鞋底。但对于奥黛丽来说，已经没有什么能阻挡她跳舞的决心，当初教室里没有练功杆，她便让小朋友们把脚放在窗沿上练习，如今她没有适合的舞衣，同样可以用母亲的旧裙子改造。

她相信，即便是身处泥淖之中，精神的力量也始终高于物质。

表演的那一天，观众们安静有序地在表演者周围坐成了一个圆圈，钢琴旋律倾泻，奥黛丽站在圆心舞动身体，尽情展示一名舞者最好的姿态。那是她的舞台，没有聚光灯，没有喝彩声，她却感觉到了一种从未有过的神圣。

一曲终了，当奥黛丽将一顶礼帽伸出去时，她看到了母亲，母亲微微颔首，然后带领观众向礼帽里投放钱币。

　　或许就在那一刻，她突然发现自己长大了，她穿着母亲的裙子站在母亲的对面，母亲向她投来肯定的目光，而她也即将带着放进礼帽里的情报，利用自己学生的身份，将其辗转交给盟军。

　　因为也是在那一刻，她终于懂得了重新审视她与母亲的关系，她们不仅是血脉相亲、生死相依的母女，也是命运相连、共涉险境的战友。

04

只要，还能吹到来年的春风

1943 年，战争还没有结束。随着盟军的进攻，纳粹又加紧了对荷兰人民的镇压，日子，已经越来越艰难。

奥黛丽想起多年后，人们喜欢称她为"人间的天使""上帝的女儿"，而她想告诉你的却是，那个时候的她，还没有到过天堂，却早就经历了地狱。

那一天，奥黛丽正走在街道上，准备去给盟军送一份情报。

那张小小的纸条被她藏在鞋子的最底层，如果一切顺利的话，几分钟后，它就会到达一个穿着破烂的聋哑老人手中。

但意外还是发生了，就在她打算穿越马路的时候，一辆运送牲畜的木制货车突然停在了她的身边，两名德军跳下车来，不由分说地抓走了她的盟友。

车上也都是被捕的犹太人，德军在他们身上强行画上黄色的戴维之星，用枪托敲打他们的头部迫使他们安静，包括几岁大的孩子，他们痛得面部扭曲，惊恐地睁大眼睛，发出绝望又沉闷的哭声。

所有人都知道，被抓上车代表着什么——那辆车将开往纳粹集中营，等待他们的将是一场惨无人道的屠杀。

她看着眼前的一切，却什么都不能做，为了自保，她飞快离开了现场，而待货车开走之后，她才发现两条腿都在抖动，一颗心像被塞满了尖锐的石头，又钝又痛。

那种无法言说的耻辱与悲伤，她用了一辈子的时间都没能彻底修复。

1944 年 9 月，盟军策划了"市场花园"行动，一场史上最大规模的陆空协同战，仅伞兵就调动了一万多人，其战略目标是为了夺取荷兰境内由德军控制的桥梁，让盟军顺利跨越莱茵河，在短时间内结束战争。

但遗憾的是，行动最终还是失败了，而阿纳姆也成为战争中盟军损失最严重的战场，这一方饱经风霜的土地，仅十日之间，就埋藏了数万英魂。

是年初冬，德军再次对占领区进行了疯狂的报复，他们搜刮了城中所有的燃料和食物，然后勒令所有的居民即刻撤离城市，无论男女老幼，稍有迟疑就会被枪决。

于是，一场近十万人的大流亡便开始了。

奥黛丽与家人们匆匆收拾了衣物和生活用品就加入了撤离队伍，一路上随处可见被疾病和饥饿夺去性命的人，凄厉的哭声此起彼伏，头顶是密集的炮火，地上是同胞的尸体，回过头去，昔日美丽的家园已成为一片废墟……他们又困又怕，一家人互相搀扶着，眼泪一再模糊了视线。

终于，在入夜时分，他们找到了外祖父早年在乡下所置的一处住宅，可以暂做容身之处。

只是那时的他们还不知道，接下来会在这座乡间小屋里度过欧洲历史上最寒冷的冬天。

没有燃料，没有灯光，没有干净的水源，没有足够的食物……他们只能靠意志力强撑着。重返家园，重拾往日美好的回忆，是让他们活下去的最大的动力。

而当时，在他们的门外，每天都会路过无数难民，难民们饥寒交迫，流离失所，很可能熬不过即将来临的严冬。

但他们也只能暂时收留一小部分人，因为就在圣诞节的前一天，米耶斯姨妈满脸悲伤地告诉家人们，家里仅存的食物都已经吃完了。

家里已经没有任何食物了。

在那个大雪纷飞的冬天，奥黛丽面临的就是每天食不果腹的日子。

奥黛丽和家人们出门去找地底下的草根，去挖苦菜，还有郁金香的球茎，然而这些都非常匮乏，很多地方的野菜都已经被成批的难民挖走。

最艰难的时候，他们一家人好几天都没有进食，只能依靠喝水来维持生命。

那时她正在长身体，将近一米七的身高，体重却只有八十斤。长期的饥饿导致身体出现严重的营养不良，她一双腿都浮肿了起来，别说跳舞，连走路都变得艰难。

好在还能画画一当初流亡时，她带上了笔和日记本，现在，画画居然成了这段黑暗岁月中，她唯一的精神生活，她造梦的工具，她为生活填充的亮光。

画画前，通常她都会先喝一大碗水，给胃一点饱胀的错觉，然后就趴在床上开始动笔，让自由的思绪带着她的笔，去一个完满的和平世界，那里有穿着裙子跳舞的小女孩，有巨大的香喷喷的面包，有美丽的花朵，有拉着狮子的手一起前行的人……

事实上，生活依旧是一片浩瀚的苦海，没有边界，没有尽头。

天寒地冻，风声鹤唳，最难熬的是夜晚，每一个饥饿难耐的深夜，都是一场意志力的斗争。他们就像是被世界遗忘的人，一天一天虚弱下去，却不知道明天和死亡哪一个会先来。

奥黛丽记得饿到极点的时候，意识就会出现模糊。

她想起她的保姆葛丽泰曾跟她说过的一个故事，有一个穷人家的小女孩在圣诞夜卖火柴，又冷又饿，只能点亮手中的火柴，为自己营造温暖的幻觉，那里有爱她的亲人，有美味的食物，有御寒的衣服，而最后，她已经微笑着在幻觉里死去。

奥黛丽哀伤极了。

彼时听故事的时候，她年纪尚小，还不明白人性的残忍，如今身处痛苦之中，才明白人间的黑暗与阴冷，远比虚构的故事更可怖。

也是从那个时候开始，她才明白，这个世界上很多的事情，只有身受，才能感同。

尽管精神与身体的痛苦一直折磨着她，但她依旧没有放弃希望，依旧有着强烈的求生的本能。

她希望和平快点到来，可以继续跳她心爱的芭蕾；她希望自己快点长大，可以为和平贡献自己的力量……

只要她还能活着度过这个严冬，还能吹到来年的春风。

1945年3月，春天终于到来了，那一截探到她窗前的枯枝，又开始生出了鹅黄的嫩叶，风吹拂在脸上，已经隐隐约约有了清香。

那段时间，被困的家人们都有一种强烈的预感，似乎胜利就要到来了。

然而就在曙光乍现，德军节节败退的时候，奥黛丽和伊安却被德军抓了起来。伊安被迫去为德军修建防御工程，以阻挡盟军的装甲部队和掩护德军撤离，而奥黛丽则被送进德军食堂做帮工。

当时，在食堂做事的都是女性，十几岁到几十岁的都有。奥黛丽在那里待了大约一个月的时间，每天的工作就是做面包和洗盘子，有时也能分到一点德军吃剩的食物。到了晚上，她们就在地板上挤着过夜。两名纳粹士兵看守在门口，盯着她们。她曾亲眼见到一个小女孩因为偷吃面包而被德军打断了胳膊，也曾看到有人试图逃跑而被就地枪决。

但她依然每时每刻都在想着回家。

她想念她的亲人，她的母亲。当她身处德军军营，最孤苦无依的时候，母亲就是她活下去的理由。

她想起母亲曾告诉她的话，遇到危险时，只要不与信仰相悖，就要努力让自己活着，活着的意义高于一切。

是的，机会来了。

有一次，奥黛丽去上厕所，发现并没有人跟踪，便趁机逃了出来——她实在太想念她的亲人了。她朝郊外跑去，不久便听到身后的军营里一阵骚动，为了躲过德军的排查，她赶紧钻进路边一间废弃的地下室里，屏住呼吸……一直到外面恢复了平静，她才慢慢爬了出来，用尽所有的力气一路狂奔。最后，顺着星星的方向，她终于找到了乡下的住所。

不知道过了多久，她苏醒了过来，她看到母亲坐在她的身边，眼睛又红又肿，嘴角却挂着劫后余生的微笑。

那时，她才知道，她已经患上了黄疸，如果战争还不结束，她们还是得不到药物，她就很可能会因为肝炎而失去生命。

但奥黛丽的母亲相信女儿一定可以熬过去。

就像十六年前，奥黛丽患上百日咳，心搏骤停，是她母亲虔诚的祷告将她救活，她这一次同样相信，奇迹会在她身上发生。

那么她也相信自己可以。就像她可以从德军军营中逃跑出来，她同样相信，和平可以在很短的时间里到来。

"你要坚强，奥黛丽，一切都会过去的，你一定会好起来。"

"好的，母亲，我会好起来。我不信上帝，我相信你。"

1945 年 5 月 5 日，奥黛丽终于收到了有生之年最好的生日礼物——和平。

历经五年的黑暗岁月，战争终于结束了。

她的窗外开始有人唱歌，空气里飘荡着汽油的气味，英国香烟的香气，还有巧克力的芳醇。

母亲搀扶着她走出房间，在夏日的阳光下，她看到一队英国军人站在门外，脸上带着胜利者的微笑，她瞬间泪如泉涌。

有一位好心的英国士兵给了她五条巧克力，她一口气就把它们吃完了，而她也因此再次卧床不起。

但自此之后，她便迷恋上了巧克力的味道，从唇舌到灵魂，巧克力不仅能带给她尘世中最深的慰藉，还代表着自由、希望和爱。

几天后，大量食物和紧急救援物资从联合国善后救济总署涌入阿纳姆，其中就包括及时挽救奥黛丽性命的青霉素。

那也是她与联合国儿童基金会之间因缘的开始。

泰戈尔有诗："世界以痛吻我，而我报之以歌。"多年以后，她成为联合国儿童基金会的亲善大使，以爱为信仰，相信爱的力量可以改变一切，也是因为在她陷入苦痛深处的时候，获得了他们的帮助。

是他们的无私，让她相信爱可以像春华秋实一样轮回，相信世间真的有奇迹存在——因为奇迹，就是爱的另一个名字。

时间匆匆流逝，要放弃何其容易，放下却很艰难，前者不过是一种选择，而后者却关乎勇气与智慧。

05

梦想破碎，她在心底大病了一场

1945 年初夏，战争结束后，奥黛丽和家人们又回到了多伦庄园。

看着眼前熟悉的一草一木，一砖一瓦，往昔记忆扑面而来，他们都不禁感慨万千，仿佛隔了一个世纪那么久，他们经历痛苦、贫穷和危险，见证山河破碎，兵荒马乱。如今，那些艰难的岁月终于过去，他们也要开始考虑新的生活。

而在那个充满自由气息的季节，两个哥哥的平安归来，无疑又是一件值得庆贺的喜事。

他们在战争中失去了房产，失去了金钱，失去了一切光鲜的生活，但是他们丝毫不觉得可惜，因为活下来就是最大的财富。

这也让埃拉接下来的计划再无后顾之忧。

待奥黛丽身体好转之后，埃拉便接受了威廉明娜女王的指令，带着女儿一起去皇家伤兵疗养院做义工。

疗养院在阿姆斯特丹郊区的布伦比克小镇，奥黛丽在那里度过了半年的时间，主要的工作就是给母亲当助手，平时负责照顾伤兵，处理杂务，有空的时候，也帮忙收发一下信件。

在此期间，奥黛丽认识了一位名叫泰伦斯·杨的英国人，时年 30 岁的他有着温润的眉眼和性情，心怀凌云之志，希望退伍之后在电影行业大展拳脚。

就在那场惨烈的阿纳姆战役中，身为坦克部队指挥官的他肩负着炮轰德军工事的任务，但也差点失去了自己的左腿。

好在到了秋天的时候，他的伤情已经慢慢复原，可以拄着拐杖到河边散步了。

奥黛丽记得有一天夜间，月色大好，他们一起坐在河边聊天，秋虫的低吟在脚边微微起伏，看着被月光照亮的河道、麦田、小路，以及远方刚刚破土的马铃薯幼苗，彼此憧憬着新的生活，只觉时间慢悠悠地掠过耳边，一如柔风满溢，轻盈又芬芳，而心头涌起的，却是莫名的夜鸟离枝一般的对未来的向往。

杨跟奥黛丽谈起他的童年，在遥远的中国，神秘的东方，他在一个叫"上海"的城市出生，那里有璀璨的灯火和婉转的歌声，空气中雪花膏的甜香浸透感官，美丽的姑娘们身穿旗袍，步履摇曳，穿行于青石小巷。

"她们和你一样，都是黑眼睛。"杨看着奥黛丽，赤诚一笑，"如果有一天，我做了电影导演，希望可以邀请你做我的女主角。"

奥黛丽则用坚定的目光告诉他："承蒙您的眷顾……但我对参演电影没有兴趣，我的梦想是做一名芭蕾舞团的首席女演员，仅此无二。"

一年后，杨真的踏上了自己的逐梦之路，他回到了阿纳姆，以亲身经历的阿纳姆战役为主题，与人合作了《阿纳姆人》，从此开启他的导演生涯——该片上映后即引起了强烈的反响，被观众评为"优秀的二战纪录片"。

那个时候的奥黛丽，也再次进入学校练习芭蕾。她为可以重拾梦想而心怀感恩，也以为世间所有的梦想都会各得其所，却不知人生风云变幻，福祸莫测，最难就是求仁得仁。

彼时，1945 年的冬天，完成照顾伤兵的任务后，埃拉就带着奥黛丽来到了阿姆斯特丹市区。埃拉在那里租下了一间小小的公寓，又找到了一份女管家的工作，并兼任厨师。

就这样，昔日的女男爵披星戴月，辛劳工作，将身份的衣裳脱在一边，只是为了能让她的女儿继续学习舞蹈，让她成为芭蕾名师索尼娅·加斯科尔的学生。

加斯科尔本出自俄国芭蕾舞团团长谢尔盖·帕夫洛维奇·佳

吉列夫门下，后又与佳吉列夫合作，创立了荷兰国家芭蕾舞团。她是阿姆斯特丹的首席舞蹈教师，以新颖独特的编舞闻名，在战后曾吸引了大量的舞蹈爱好者。

奥黛丽带着阿纳姆舞蹈老师温娅·玛若娃的推荐信去拜访加斯科尔，希望能被破格收下，毕竟她很快就要 17 岁了，已经错过了学习芭蕾的黄金年龄……玛若娃在信中写道：

奥黛丽·赫本曾是我的爱徒，可惜战争让我们缘分不再。我向您保证，她对舞蹈怀有不可多得的激情，而且技艺也很高妙，她一定会成为您意想不到的收获。

果然不出埃拉所料，玛若娃的这份推荐信很快便让奥黛丽得偿所愿。

仿佛守得云开见月明，梦想的光芒就在前方，这一切都足以让她感激涕零，她在日记本里写下："用汗水向梦想致敬的人啊，请不要辜负爱和期待。"

于是在接下来的日子里，她将全部的精力都投入舞蹈学习中，每天早出晚归，苦心孤诣，严格要求自己，努力弥补之前落下的课程，不敢虚掷一分钟的光阴。

她的进步非常明显，一段时间过后，便受到了加斯科尔的称赞。加斯科尔告诉奥黛丽，她喜欢奥黛丽的勤奋好学，对芭蕾的热爱，对舞台的尊重。

"在你身上，我能看到年轻时的自己，勇往直前，斗志昂扬。"那一天，夕阳西下，落日的余晖在加斯科尔的侧脸上晕开，她清雅迷人的声音就像来自天外，带给奥黛丽洗礼般的愉悦。

随即，加斯科尔拥抱了奥黛丽，却欲言又止："只是亲爱的奥黛丽，我担心你对自己太严苛了。"

奥黛丽用一个灿烂的笑容回复了加斯科尔，对她的担忧完全不以为然。

她想加斯科尔一定不明白芭蕾对她的意义，它不仅是她努力追逐的梦，也是曾照亮她生命的光。

但母亲明白。

就像随着年龄的增长，时间的推移，世事的历练，奥黛丽也终于明白了母亲的隐忍，以及母亲爱她的深沉。

在一个又一个深夜，她看着窗外繁星灼灼，城市的灯火渐次黯淡，母亲因为太过劳碌而在她身边沉沉睡去，她心里就会生出一种与之相依为命的感觉，母亲曾给予了她生命，如今，又成了最懂她的人。

1946 年 5 月，奥黛丽 17 岁生日那天，母亲送给她一份珍贵的礼物。埃拉用平时省吃俭用积攒的钱为奥黛丽买下了阿姆斯特丹音乐厅管弦乐团演奏会一整个季度的门票。

看到门票的那一刻，奥黛丽心里的花，一朵一朵都在怒放。

奥黛丽永远都不会忘记母亲的话，母亲告诉她，身为贵族后裔，肉身再奔波劳苦，也应该有义务守护灵魂的洁净与高贵。而多接触艺术，接触伟大的作品，不仅对领悟舞蹈很有帮助，也会时刻提醒自己，一个人即便身处低处，精神也不能流俗。

奥黛丽还记得那个时候，因为没有多余的钱乘坐电车，她经常从公寓步行到音乐厅，路程遥遥，却一点都不觉得辛苦，脚步欢快地落在大街小巷，就像是为自己弹奏的音符，心情平静又充实。

但生活永远充满了变化，就在 1947 年的冬天即将来临的时候，加斯科尔的舞蹈学校却停办了。

虽然加斯科尔办校时会向学生收取一些费用，但主要还是依靠政府资金的支持。而就在这一年的年底，政府突然拒绝了她提出的资金申请，理由竟是她的编舞太过新潮前卫。

加斯科尔得知原因后，一气之下便关闭了学校，打算远走他乡去拓展她的事业。她相信有着"艺术殿堂""自由之都"之称的巴黎，一定可以容纳她的先锋精神，继而让她的才华大放异彩。

只是如此一来，奥黛丽和母亲又要面临新的选择，是继续留在荷兰等待时机，还是远赴异国另觅良师？

这时，加斯科尔给了埃拉母女一个建议，她希望奥黛丽可以去伦敦继续深造——身为伦敦最有名望的舞蹈家兰伯特夫人的好友，她也可以给予相应的帮助，比如为奥黛丽写推荐信和申请奖学金。

于是，1948 年年初，在母亲的陪同下，奥黛丽离开了战后的欧洲废墟，前往伦敦求学与生活。

埃拉在那里找到了新工作，奥黛丽也开始利用空闲时间打工赚钱。不久后，奥黛丽便通过了入学考试，正式成为兰伯特芭蕾舞蹈学院的一员。

兰伯特夫人是一位传奇人物，也是英国芭蕾的奠基者。自1920年她在伦敦开设第一家芭蕾舞学校起，她的教龄已近三十年，其间培养出了众多的芭蕾舞明星，可谓桃李满天下。

同时，她又以严厉闻名，结合她独创的教学方法，尤其善于发掘学生的天赋与潜能，脾气与实力一样过硬。在学校里，被她体罚过的学生不计其数，他们对她爱恨交织，私下称她为"黄蜂夫人"。

奥黛丽印象最深的就是，每当她看到学生们交叉双臂或垂下肩膀，她就会用指挥棒敲一下她们的关节，然后告诫她们，学习舞蹈的人必须在第一时间内意识到自己的姿势是否优美。因为在跳舞时，很多技术性的动作都是通过良好的习惯造就的，即使在放松的时候，也不能懈怠。

尽管后来奥黛丽无缘舞蹈之路，但兰伯特夫人灌输的这种理念还是影响了她的一生，无论身处何地，她都会在潜意识里保持好舞者的体态，让优雅成为一种习惯。

在兰伯特夫人严格的课程中，夏天就那般悄然逝去了。而到了夏末的时候，一种从未有过的挫败感却从疲惫的身体点点滴滴地渗入奥黛丽的内心，让她为自己的前程担忧了起来……

从入学开始，奥黛丽就发现，兰伯特夫人的学校里不乏优秀的学生，而不管她如何努力，都无法追上她们的步伐——她们正处于练习芭蕾的最佳年龄，有着健康的体魄，在战争中也一直在接受训练。

如果说无法弥补与同学之间的差距，让她感到沮丧的话，那么接下来发生的一件事，无疑给了她致命的一击。

兰伯特夫人策划了一场为期一年多的世界级巡演，这对于每个学生来说都是梦寐以求的机遇。最终公布团员名单的时候，奥黛丽却没有看到自己的名字。

入选的同学都在欢呼雀跃，奥黛丽的心情则失落到了极点。

然而即便如此，她依然没有想过放弃。

她去问兰伯特夫人原因，希望找准方向，竭尽全力，可以胜任下一次的机会。

但兰伯特夫人明确地告诉她，她的年龄与舞台经验不匹配，她的身体在战争中受到了损伤，她的身高偏高，不能让她的搭档完成优美的托举动作……这些因素，都已经决定了她的上限。

兰伯特夫人说："我很同情你的遭遇，如果不是因为战争，以你的勤奋与天赋，一定可以实现梦想。如果你愿意，毕业后可以继续留在我的学校里，做一名芭蕾舞老师……"

"奥黛丽，我不能骗你，你的确无法成为像玛格·芳登一样的首席芭蕾舞演员……"兰伯特夫人的话不断回荡在耳边，她似乎能将自己的未来一眼望穿。

而当母亲告诉她，加斯科尔也曾有过同样的担忧时，她就明白，她的梦想已经彻底破碎了。

那个初秋，她在心底大病了一场，就像被活生生地撕掉了一层皮——哪怕是在战争年代，她也不曾有过那般的痛苦与绝望。

幸而还有母亲陪在她的身边，是母亲强大的爱让她重新振作起来，看清了自己。

世人喜欢说造化弄人，但奥黛丽很明白，是战争带走了她的梦想。

一个人能够有机会为梦想付出，能够与时间赛跑，去捍卫本心，坚守初衷，自然是一种幸运，但并不是每个人都可以拥有这种幸运。

因为能被称作幸运的，通常都是额外的奖赏。

曾经在战争中一再与死神擦肩，她每次都会告诉自己，如果得以自由，将不再抱怨任何事——而如今对自己的内心施加痛苦，何尝不是另一种形式的索求与抱怨？

时间匆匆流逝，要放弃何其容易，放下却很艰难，前者不过是一种选择，而后者却关乎勇气与智慧。

但生命来之不易，谁都没有理由在困境中画地为牢，感伤蹉跎。

这个世界上有些事情，真的不是努力就可以做到的。

已经为之努力过了，就不应该再有怅憾。

如果不能求仁得仁，那就只愿不负本心。

如果做一名普通的芭蕾舞老师不是她想要的未来，那就不如及时回头，另寻出口，让生命遇见更多的可能。

或许对于她的芭蕾之路来说，她已经失去了最好的时机，但对于她的人生之路而言，她还非常年轻，一切才刚刚起程。

2

PART 2

寻梦之旅

纵有疾风起，人生不言弃

我还在探索自己的内心……我不想任何地方，任何人成为我的牢笼。

——奥黛丽·赫本

"真是不可思议，我有舞台上
最丰满的胸部，但观众的目光总是
追着那个胸前什么都没有的女孩！"

06

伦敦，倾其所有去生活

1948 年的秋天，忙碌的工作填充了奥黛丽的整个生活。

在临近冬天的那段时间里，母亲又生了一场大病，最忙碌的时候，奥黛丽一个人做了三份兼职，每天下班回来都已到了凌晨。

还记得独自走在皮卡迪利大街上的情景，身边是波澜壮阔的夜色，天空中偶尔响起飞鸟流徙的声音，路边的车灯在阴冷的雨雾中打出金灿灿的光束，就像童话里另一个世界的入口……她心绪涌动，四顾伶仃，却始终感觉有一股强劲的力量，在支撑着疲倦的肉身，以至于不被生活的风浪倾覆。

在很多个薄雪扑面、呵气成冰的深夜，她不止一次地告诉自己，即便再苦再难，也要仰着脸，不让眼泪掉下来。

她已是成年人，可以依靠自己的双手生活，为未来谋取转机，她的肩膀上不仅可以承担风霜雨雪，也可以承担一个家的重量。

在此期间，她担任过平面模特，给一些日化产品做广告，也去一些酒吧当过服务员，在夜总会做过跳舞女郎，在某个公司做过办公室秘书，当过电话接线员，在旅行社从事过档案管理，还匆匆回阿姆斯特丹参加过一部电影的拍摄。

彼时，荷兰国家航空公司正在筹拍一部四十分钟左右的影片，名为《荷兰七课》，拟用纪录片的形式，宣传荷兰一系列的著名景点。他们需要找一个长相秀丽、气质明媚的少女来饰演空中小姐，同时担任解说员，向一名公派到荷兰来拍摄旅游见闻的记者介绍当地的美景，附加条件是必须谙熟荷兰语和英语。

当埃拉通过她的昔日人脉得知这个消息后，便立即建议奥黛丽前去试镜，而母女俩的想法也一拍即合，的确，如果可以就此在大银幕上有所发展，奥黛丽的前路或许会明朗许多。

为了争取人生中的第一个银幕角色，奥黛丽一刻都没有耽搁。

接待奥黛丽试镜的是电影导演范·德·林顿，在他的要求下，奥黛丽换上了一套荷航公司空服员的制服，然后配上甜美的微笑，远远向他打招呼。

试镜的过程非常顺利。林顿对奥黛丽的外在和气质都很满意，接下来又考察了奥黛丽的语言能力。

奥黛丽用英语和荷兰语分别告诉他，她是一名英国人，出生在比利时，但她的母亲就是荷兰人，这片土地曾为她见证过青春年华里的美好与疼痛，她熟知这里的每一寸气息，在她心里，荷兰一直是她的另一个故乡……

如此，大约过了半个小时之后，他就拨通了制片人约瑟夫森的电话。

"我已经找到了最合适的人选，一个叫奥黛丽·赫本的女孩，真不敢相信，她超出了我们之前所有的期待，在她身上，我仿佛看到了绚烂的阳光……不，她就是一个行走的梦。"

奥黛丽承认，在听到电话的那一瞬，她感觉到了一种久违的温暖与自信——就像一个人在黑暗中跋山涉水，艰苦摸索的时候，忽然有人微笑着向你递过来一盏灯。

是年 11 月初，百老汇音乐剧《高跟纽扣鞋》剧组来到伦敦招募歌舞演员，奥黛丽又去参加了面试。

奥黛丽明白，一个人如果身处逆境之中，那么看清当下远比看清未来更重要。一路走到现在，留给她的选择已然不多，所以，只要一有机会，她就必须牢牢把握住。

当时与奥黛丽一起前来应试的年轻女孩高达三千人，但剧组负责人告诉她们，最终将只有四十个人可以入选，她们将获得在伦敦大剧院演出的机会，以及每周三十二美元的酬劳。

幸运的是，一天之后，奥黛丽就在入选名单中看到了自己的名字。她高兴极了，拿着剧组发下的那张薄薄的合约，只想立即与母亲分享。

只是那个时候的她又怎会知晓，数年以后，她会手捧奥斯卡奖杯，漫天星光璀璨，一袭华服加身，享受举世瞩目的荣耀——但即便是那样的时刻，她也不曾有过如今这般，在三千人中脱颖而出的简单又单纯的快乐。

圣诞节前夕，《高跟纽扣鞋》在伦敦竞技场剧场进行了首次演出，一时盛况空前，观众们的热情告诉大家，之前演员们夜以继日的辛苦排练都没有白费。谢幕后，制片人开了香槟庆祝，大家拥抱在一起，久久沉浸在初登大舞台的喜悦中。

尽管参演音乐剧让奥黛丽在接下来的日子里不再需要为生计过多奔波，但她非常清醒，这并不是她最终想要的生活。当然她也非常清楚，如果没有目前这块音乐剧的阶石，那么她将连触摸新机遇的可能都没有。

1949 年 5 月，在伦敦演出了将近三百场的《高跟纽扣鞋》终于落下帷幕，这时，奥黛丽恰好又收到剧团经理——同时也是伦敦著名音乐剧制片人塞西尔·蓝道的邀请。

那一天，在拥挤的后台，带着黑色礼帽的蓝道递给奥黛丽一张名片："奥黛丽·赫本是吧？我关注你很久了……嗯，《高跟纽扣鞋》，第二排左起第三个，一个让人过目不忘的女孩，如果你愿意的话，我想邀请你参加我的新剧，你将是主演之一。"

奥黛丽接过名片，几乎没有犹豫："荣幸之至。"

蓝道的新剧名叫《鞑靼酱》，是一部讽刺时事的滑稽歌舞剧，舞台创意丰富，风格轻快活泼。奥黛丽将在其中分饰数角，包括瑜伽学生、女店员，以及古典芭蕾舞者。她有了台词，有了自我发挥的机会，也受到了各种各样的关注。

有时候，她会收到热心观众送来的鲜花，里面夹着信件，多是赞美与祝福的话，也偶有小心翼翼的关于情感方面的试探。比如：

"你的表演太精彩了……尤其是你的眼睛，那么清澈无辜。"

"美丽的小姐，请问我有幸与你在梦中共进晚餐吗？一个对你倾慕已久的忠实观众。"

记得有一次，奥黛丽外出购物，有个店员突然盯着她的脸，然后惊喜地问道："你是《鞑靼酱》中的女演员吗？"

她有些意外，心底泛起淡淡的欣喜来，但还是对他报以调皮的一笑："您认错人了，我不是。"

后来她坦承，当时的她应该还没有完全做好迎接"出名"的准备吧，毕竟舞台之上，她渴望被喜爱，被认可，但舞台之下，她还是更喜欢过平静有序的生活。

而在剧团里，奥黛丽听到有人说：

"我很看好奥黛丽·赫本，她有灵气、清新、独特，迟早有一天会成为闪耀的明星。"

"奥黛丽有一种无可比拟的可爱，仿佛是一个自带聚光灯的人。"

也听到有人对着镜子"抗议"：

"奥黛丽·赫本的舞技真是一言难尽，与她同台让我感觉难堪。"

"真是不可思议，我有舞台上最丰满的胸部，但观众的目光总是追着那个胸前什么都没有的女孩！"

很明显，在剧团里来自世界各地的五名舞者中，只有奥黛丽·赫本是"那个胸前什么都没有的女孩"。

但她并不介意，无论是赞誉与鼓励，还是质疑与批评，她都全盘接纳，就像接纳自己的不完美。

前路漫漫，奥黛丽人生的序幕才刚刚拉开，这个时候，努力提升自己，走好每一步比什么都重要，既然选择站在这一方舞台上，那就更应时刻提醒自己，不要被溢美之词蒙蔽双眼，也不必畏惧风雨与人言。

这世间是不是还有一种爱，就像夏夜的朝露，看似梦幻、美丽，然而一旦经受任何的风吹日晒，就会无声无息地坠落，蒸发？

07

初恋，美丽的仲夏夜之梦

时间不经意地流逝，转瞬便到了 1950 年的仲夏。

一天清晨，奥黛丽正在排练新剧《开胃酱》——她在剧中饰演一名明媚百变的"香槟女郎"，需要先戴上长长的兔耳朵，踩着一地欢快的节拍，向观众表演一支独舞，一曲之后，她再迅速地换上男装，用手杖和礼帽当道具，配合搭档的台词……

却看到蓝道向她迎面走来，整张脸阴云密布，眼睛像亟待爆发的火山——在那之前，她还从未见过他那般怒不可遏的样子。

"你恋爱了是吗？奥黛丽，你可真是'好样的'！"

"是的，先生。有什么问题？"

于是，一份最新签下的合约便"砸"在了她的面前，其中一项"不许结婚"已被人特意用红笔标明。

"是的，先生。可是，我并没有结婚。"

"那么他向你求婚，你也不会答应吗？"

她沉默了。

尽管只是一句假设，但她的脑海里，还是不可抑制地浮现出一个场景，让她开始幻想那样的情意恒久不变——他坐在钢琴面前，手指修长而白净，在琴键上优雅地跳跃，夏夜的月光打在他俊美的脸庞上，旋律流泻。他扬起唇角，凝视着她的眼睛，对她轻轻耳语："这支曲子，献给我梦中的女孩。"

那个男孩的名字叫马塞尔·勒·波恩，来自法国南部，长相英俊，富有活力，个性则与他弹奏的琴音一样浪漫多情。

是年初夏，已经在剑桥广场上演了四百多场的《鞑靼酱》依旧热度未减，精明的蓝道立即紧锣密鼓地开始制作《开胃酱》，希望乘胜追击，不遗余力地留住观众的激情。

因为对奥黛丽在《鞑靼酱》中的演出颇为满意，蓝道在构思《开胃酱》的时候，就曾热情邀请她继续参演。他告诉她，你可以作为女主角和封面女郎，出现在新剧的海报上，而且还会获得比上一部剧多一半的报酬。

奥黛丽欣然接受了——彼时，母亲尚待业在家，她必须多赚钱来贴补家用。

而马塞尔就是蓝道新请来的钢琴师，他将在即将开演的《开胃酱》中担任配乐的工作。

自从马塞尔到来之后，剧组的欢声笑语便多了许多。

他经常在休息的间隙给大家弹奏一支轻松的小调，或者是变一个小小的魔术，给女孩们带来鲜花或巧克力。那样的时刻，就像有一阵惬意的清风，带走了大家排练的枯燥与疲惫。

奥黛丽甚至觉得，相比他的钢琴技巧，他骨子里的风趣和声线的温柔，更像是一种不可多得的才华。

那样的才华，加上他对待女性的恰到好处的分寸，无疑为奥黛丽单调的世界，制造出了一种梦幻般的柔光。

是的，当时的奥黛丽已经21岁了，还从未谈过恋爱。

她渴望爱情，渴望异性的关怀，但也害怕被伤害。

她曾因父母千疮百孔的爱情而痛苦孤独，曾为文学作品里的爱情感动唏嘘，也曾被工作中的异性孜孜追求，但对于爱情本身，她依旧是盲人摸象——她把自己的心藏在一个透明的壳里，从未为谁悸动过，也从未有人到过那里。

直到那一天，马塞尔送她回家，凌晨三点，他们并肩穿过皮卡迪利大街，望着头顶晶莹如洗的晚星，只觉情愫萌动，分明拂过脸颊的是夏夜微风，却凭空吹皱了眼底的一池春水。

他站在她面前，披着一身星辉，目光灼灼，声线像一片羽毛落在她的耳膜上："我可以吻你吗？我亲爱的梦中女孩。"

刹那间，星空璀璨。

自此之后，在那个绚丽多姿的仲夏，马塞尔每天都会送她回家。他们拉着手，在空旷无人的大街上奔跑，欢笑，亲吻，紧紧拥抱，然后依依不舍地分开，相约第二天再见。

皮卡迪利大街那么长，又那么短，只因有他在身边，就像穿越了一段甜美芬芳的梦境。

而蓝道担心奥黛丽会结婚——的确，她也曾以为那只是一件水到渠成的事，也是因为一些善于捕风捉影的娱乐小报已经列出了"香槟女郎恋上法国钢琴师，即将步入婚姻殿堂"的标题，他怕恋爱影响她的工作，更怕她的私生活曝光后会影响新剧的票房，让剧团的声誉受损……

但遗憾的是，《开胃酱》并未承接《鞑靼酱》的火热，从四月首演以来就一直反响平平。

于是蓝道再次表现出了他的杀伐决断，是年7月，他宣布《开胃酱》不再排演，同时着力宣传在席罗兹俱乐部推出的《夏夜》，即《开胃酱》的精简版本，增加了一些针砭时事的趣味，让气氛更轻松，演员依旧由原班人马组成——唯独马塞尔被排除在外。

蓝道没有用任何理由，就将马塞尔解雇了。

大家都心知肚明，蓝道对奥黛丽和马塞尔恋爱的事一直耿耿于怀，但奥黛丽还是没有想到，他会用这样的方式试图拆散他们，更没有想到，他的安排会让他们的爱情无疾而终。

为了生存，马塞尔必须尽快另谋出路，不久后，他便去了另外一家歌舞团工作。而奥黛丽为了以后的事业能有更好的发展，也在是年夏天快要结束的时候退出了蓝道的剧团。

英国联合影业公司的选角主任罗伯特·莱纳德曾是《开胃酱》的观众，他看了奥黛丽的表演后，便决定找其签约。按照合约，在接下来的日子里，奥黛丽将会在三部电影中出演角色，而且可以从每部电影中获取一千美元到三千美元的片酬。

这也意味着，奥黛丽的人生即将走上一条新的道路，而且也不再需要为基本的生计发愁。

如此，在等待电影开拍之前，奥黛丽开始学习一些戏剧课程，从最基本的发音学起，再到表情的管理，以及如何让自己的言行举止更好地融入角色的内心世界。同时，她也在几家摄影工作室做兼职模特，为《电影评论》和《影迷》杂志担任封面女郎。

生活依旧忙碌而充实，除了在等待马塞尔的信件时，会情不自禁地陷入落寞。

但马塞尔很快就另结了新欢。

她错愕，难过，无处诉说，只能把自己蒙在被子里，暗暗地哭了一场。

她似乎还没有好好品味爱情，就猝不及防地尝到了失恋的味道，没有肝肠寸断，没有生离死别，待曾经甜美的回忆被风吹散，便只留下一股不可诉说的酸涩。

于是，在眼泪的咸湿气息里，她开始思索，这世间是不是还有一种爱，就像夏夜的朝露，看似梦幻、美丽，然而一旦经受任何的风吹日晒，就会无声无息地坠落，蒸发？

她想起曾经看莎士比亚的《仲夏夜之梦》，为那个有情人终成眷属的结局触动，却忘了莎翁早就在章节中告诉过人们：通往真爱的路，从无坦途。

的确，奥黛丽本以为这一段爱情一定会善始善终，得到祝福，他们可以一起为未来努力工作，可以一起过细水长流的一生……毕竟亲吻那么甜，拥抱那么暖，牵手那么实在，绵绵情话尚在耳边，以至于她才从战争的炮火中死里逃生，却开始相信世间有永恒。

而这一段在仲夏夜生长的爱情，以及她人生中的初恋，最终却没能活过一个短暂的夏天。

一个人的美貌终会流逝，只有实力，才是真正历久弥新，可以与时间抗衡的东西，也是一切自由和美好的前提。

08

实力，才是一切自由的前提

1950 年秋，奥黛丽在电影《野燕麦》中饰演一名新潮活泼的酒店前台，台词只有一句："您好，丽晶酒店……是吉尔比先生吗？……噢，是福瑞德……"

十几秒的出镜时间，稍纵即逝，几乎没有给观众留下印象的机会。

于是，奥黛丽去拜访导演马力欧·赞比。

马力欧曾在《开胃酱》上演的时候递给奥黛丽一张名片，并表示过合作的意愿。奥黛丽希望可以试试运气，看能否在他的新剧中出演某个角色。

当时，马力欧正在筹拍《天堂里的笑声》，风格与《开胃酱》很相似，是以诙谐与讽刺为主的英国传统喜剧片，讲述一个遗产继承的故事：一位名作家临终前立下遗嘱，给四个亲属每人留下五万英镑，但条件是他们必须亲自完成一项特别任务，才能获得继承权。为了得到这笔"天降之财"，继承者们只能竭尽所能，各显神通……

只是待奥黛丽说明来意之后，马力欧却露出了遗憾的表情，他遂告诉她，她来晚了一步，因为这部戏的主演们都已签约完毕了。

但马力欧很快又欣喜地对奥黛丽说道："我为什么不能为你增加一个角色呢？我想观众肯定不会介意，在银幕上多一个可爱的女孩！"

如此一来，奥黛丽便成了《天堂里的笑声》中在酒店餐厅出现的卖烟女，身穿黑色的侍女服，头上顶着一个白色的蝴蝶结，笑容甜美地问男主角，也是其中的一个继承者："先生，先生，您要一包香烟吗？"却不知那名继承者所领到的任务里有一个规定就是，在完成任务的过程中，不能与女性交谈……

影片上映之后，一如马力欧所料，他给奥黛丽临时安排的这个跑龙套的角色，的确给观众留下了良好的印象。

奥黛丽的名字第一次被写在了《电影周刊》里，身份是联英影业的新人，评语是"期待她的大红大紫"，而"奥黛丽·赫本"几个字也第一次出现在了片首的位置。

接下来，奥黛丽又参演了两部影片。

一部是爱情滑稽片《少妇轶事》，她获得了七个场景的戏份，饰演一个患有被迫害妄想症的单身打字员。

拍摄过程却有些不快，因为导演亨利·卡斯很不喜欢奥黛丽，在片场，她听得最多的就是："赫本小姐，你非要假扮上等阶级的口音吗？拜托，真是虚伪……"

她有时候也会为自己辩驳："她没有假扮，而且其他演员也是一样的发音，不是吗？"

辩驳显然是徒劳的，在亨利看来，她说什么都是借口。

便只能静静忍耐。

不久后，《纽约时报》的一位记者在一篇报道中提到了她的名字："新人奥黛丽·赫本在《少妇轶事》中的表现没有让人失望，她口音高贵，气质清新可人，有她出现的镜头，总是让人眼前一亮。"

但她非常清楚，无论褒贬，彼时都是由影片来选择她，她并没有选择影片的自由。

而那种自由，通常都要用自身的实力去交换。

另一部是伊林喜剧《薰衣草山的暴徒》。

奥黛丽在影片中饰演一名美貌优雅的时髦女郎，在一家外国的高级餐厅里，男主角给她一沓钞票，让她自己去买生日礼物，她则微笑着在他的面颊献上一记香吻，然后步调轻盈地转身离去，给观众留下一个风情又不失清纯的背影。

参演《薰衣草山的暴徒》，奥黛丽依旧只有一句台词，几十秒的出镜时间，但这部影片带给她的最大的收获，却是因为拍摄片场与电影《双姝艳》的制作办公室近水楼台，她得到了《双姝艳》正在挑选女演员的讯息。

《双姝艳》是一部政治惊悚片，背景是战后的英国，讲述某个欧洲国家的一对难民姐妹为了逃避独裁者的压迫，一路流亡到了伦敦，与仇人继续斗智斗勇的故事。

梭罗德·迪金森是该片的导演，也是编剧之一，从构思剧情到正式选角，他已经准备了四年。

当时，双姝中的姐姐玛利亚已经确定由意大利演员瓦伦蒂娜·歌蒂斯出演，但妹妹诺拉一角却迟迟未能找到合适的人选——诺拉不仅需要美貌与灵气并存，而且还要有专业的舞蹈功底。

因此，梭罗德决定，要为他笔下最钟爱的角色"诺拉"举办一场规模盛大的试镜会，一方面是为了获取最佳人选，另一方面也是为了给电影造势。

1951 年 2 月 15 日，"寻找诺拉"的试镜会在伊林制片厂正式举行，与奥黛丽一同前来竞选的女演员多达十几名，大家都暗自期待着能够入选成功，为自己未来的事业推波助澜。

经过一路的过关斩将，最后留在梭罗德面前的，只剩下了奥黛丽和她的竞争对手——一个同样从小练习芭蕾的伦敦女孩。

她们被要求再跳一段芭蕾舞，然后分别与瓦伦蒂娜饰演一幕剧情。

幸运的是，奥黛丽与瓦伦蒂娜一见如故。瓦伦蒂娜温暖的笑容让奥黛丽想起了老师加斯科尔，她整个身心都放松了不少，瓦伦蒂娜则悄悄告诉奥黛丽，她很喜欢她无邪的眼神与身上散发的青春活力。

果然，她们配合得非常默契，而且为了视觉效果更完美，奥黛丽还悄悄脱掉了鞋子，以达到身高的和谐，与瓦伦蒂娜看起来更像姐妹。

于是三天后，奥黛丽便接到了剧组的通知："诺拉一角，由奥黛丽·赫本出演。"

《双姝艳》很快开拍。

早春的伦敦，空气依旧寒冷彻骨，奥黛丽穿着单薄的舞衣，被安排在一家偏僻的剧院拍摄舞蹈戏，那里没有暖气，四分钟的舞蹈镜头一共排练了四天，拍摄了两天，结果她的一双脚全部都被冻伤了。

但她不怕吃苦，真正让她感到困惑的，其实是内心戏的部分。

梭罗德是个善良的完美主义者，如果哪个演员的发挥没有达到他的标准，他就会变得很焦虑，会一直要求重拍，然后抱着头在片场走来走去，直到拍出他满意的效果为止。

有一天，剧组要拍摄的场景是，两姐妹暗杀未遂，却导致了无辜的人死去，当她们回到现场看到一切时，那种由恐惧到自责，再从伤心到愤怒的情感呈现。

但许多遍过去，奥黛丽还是没有找到情感的切入口，台词也讲得不够入戏。

奥黛丽看到梭罗德一直揉搓着自己的头发，那是他想办法用的习惯性动作，她心里也愈发紧张和不安。

休息了一会儿后，梭罗德重新朝她走了过来："好了，奥黛丽，不要着急，你现在闭上眼睛……你也经历过战争，对吗？"

他的话瞬间将她推进了回忆之门，她想起了那段黑暗的岁月，想起她的亲人曾在她面前被纳粹射杀，想起在阿纳姆大街上，她的盟友被德军押上囚车……那种从记忆深处涌出来的恐惧和悲愤，突然潮汐一般地涌上她的心头。接着，她的喉咙一阵发紧，眼泪奔涌而出，颤抖着声线，对瓦伦蒂娜说出了那句台词："姐姐，这里发生了爆炸事故，太可怕了……太可怕了……"

镜头恰到好处地记录下了这一幕。

梭罗德终于欣慰地坐在椅子里，点起了一支烟。

瓦伦蒂娜则顺势将奥黛丽拥在怀里："都过去了，请原谅我们的残忍。"

在瓦伦蒂娜的怀抱里，奥黛丽的内心慢慢平复下来，像一场暴风雨过后的海。

经此一幕，她也终于学会了如何不被台词限囿思维，如何在自身与角色之中调动情绪，并做到自然流畅。

她知道，表演这条路，道阻且长，她才刚刚启程，但无论前方的风景如何，她都会时刻提醒自己，不能荒废掉学习的能力。

因为美貌终会流逝，只有实力，才是真正历久弥新，可以与时间抗衡的东西，也是一切自由和美好的前提。

他的声音带着亲切的苏格兰腔调，在她耳边轻轻起伏着，仿佛木吉他上流淌的古老民谣，隔断了酒宴的嘈杂与暧昧，气息惆怅，静谧而温柔。

09

在春天，遇见一个人

奥黛丽人生中的第二段恋情，是一个一见钟情的故事。

世上因缘，聚散有时，多年后，爱过的人已消散在人海，故事的结局也成了一声绵长的叹息，但打开记忆的标本，情感的脉络却依旧清晰可辨，未被岁月风干，每一个情节都历历在目，新鲜饱满。

除了那些春风十里、鲜花着锦的时光，那些推心置腹、肝胆相照的时刻，最让人念念不可忘怀的，还有那些不尽完美的人与事，曾带给我们心灵的淬炼，情爱的启迪，让无数的故我，成为今我。

1951 年 3 月，在联英影业举办的一场鸡尾酒会上，奥黛丽遇见了詹姆斯·汉森。

觥筹交错间,听闻时年28岁的汉森是来自约克郡的富家公子,家族生意在运输业与石油产业皆有涉猎,他爱好广泛,风流俊逸,已纵横情场多年,万花丛中过,看惯丰乳肥臀的性感之躯,仅凭数千万英镑的身家,便足够令世间万千女子趋之若鹜。

但他穿过衣香鬓影向她走来:"我从未见过如你一般明媚动人的面庞。"

她倚着一窗灯火,抬头望向他,一张温文儒雅的脸,轮廓清隽,眼睛明亮,微笑的唇角似有迷迭香的芳馥与清凉。

须臾间,夜风拂过,心湖乍起涟漪。

也不是没有见过灯红酒绿之下的猎艳伎俩,但那一刻,她却宁愿相信他的真诚与心动没有伪装。

他跟她说起在约克郡的成长时光,那里有延绵的山谷,古老的教堂,苍莽高原之下,海浪与鸟鸣如同一曲恢宏的交响乐,到了春天,遍地的欧芹、鼠尾草、迷迭香和百里香就会一直蔓延到入海口,花香像解冻的河流,开始在空气中恣意奔涌……

那时,他还是骑在马背上的少年,看着海上远航的三桅船,心底风声猎猎。

后来,战争爆发了,他和哥哥一起入伍,但几个月后,哥哥便在前线牺牲,让他饱受失去至亲的苦痛……他也曾担任盟军爆破团的指挥官,与纳粹军队殊死交战,被弹片击中头部,昏迷三天三夜，险些命丧异乡。

他还告诉她，彼时在纷飞的战火之中，他也以为自己会带着遗憾离去——没有一个心意相契、灵魂相依的恋人，为他采摘欧芹、鼠尾草、百里香和迷迭香来编织花冠，放在他的坟前……

"在我的家乡，一个远去的传说里，这四种植物分别代表着爱的甜蜜、力量、勇气和忠诚……"

他的声音带着亲切的苏格兰腔调，在她耳边轻轻起伏着，仿佛木吉他上流淌的古老民谣，隔断了酒宴的嘈杂与暧昧，气息惆怅，静谧而温柔。

她不禁微微心颤。

宾客散尽后，他送她回家。

一路月光如海，车似轻舟，她坐在他的身边，只觉尘世恍然，时光飞驰。

"今晚夜色真美。"在楼下，她与他依依告别，"期待再见，汉森先生。"

"一定会再见。"他望着她，眼角的笑意在夜色中洇开，绵绵情丝在呼吸之间变得吹弹可破，"你可以叫我吉米，这个称呼属于我的亲人……当然，也可以是恋人。"

他们相恋了。

自从那次酒会分开之后，吉米就开始追求奥黛丽，用礼物，用鲜花，用情话，一点一点叩开她的心门。

无关财富与地位，她只是真的渴慕，被一个人恰到好处地温柔相待。

不久后，在吉米的陪伴下，奥黛丽以《双姝艳》第二女主角的身份应邀前往苏塞克斯郡的郊外，为《画刊》杂志拍摄一组照片。

按照要求，第一个镜头，她需要在凉风习习的小路上奔跑，跳跃，展示轻盈柔美的身姿；第二个镜头，则是在湖泊上划船，用面包屑喂鸭子，背后是春天的山野，她对着镜头俏皮一笑，表现出"诺拉"的灵气与清新。

其实根本不用刻意表现，她自小喜欢山野、花朵和小动物，更何况还有喜欢的人陪伴在身边。

拍摄过程很顺利，所有镜头都令人惊喜——那一组照片，后来被很多人喜爱，包括她自己，因为它们不仅见证了她爱情最美好的时刻，还定格了她再也回不去的那段明澈甘甜的年华。

而当时，她也因此获得一个小小的假期，可以与吉米在郊外享受两个人的时光。

时逢春天，山花怒放，林木葳蕤，他们躺在月光下的草地上，畅谈往昔与将来。

岁月山川，以吻封缄。

沉醉的春风，皆化作耳边的呼吸。

如果镜头可以定格时光，那么爱情要用什么来定格？

不得而知。

她只知道看过人心善变，经历过爱情的易碎，但她依旧相信世间有通往真爱的路，她愿意用飞蛾般的勇气为之跋涉，也愿意用候鸟般的忠诚为之坚守。

一如眼前人，既然选择了相爱，她就会全心全意地去爱，至于其他的，就只能交给时间来证明。

"吉米，谢谢你，来到她的身边。"

他拥她入怀，指月为誓："今生今世，我詹姆斯·汉森只爱奥黛丽·赫本一人。"

是年 5 月 30 日，《双姝艳》拍摄完毕，翌日清晨，奥黛丽便带着母亲前往法国蔚蓝海岸拍摄新片《蒙特卡洛宝贝》。

《蒙特卡洛宝贝》是一部喜剧片，奥黛丽在其中饰演一个丢失了孩子的女明星，整个拍摄过程都算轻松愉快。

初夏时节，蔚蓝海岸的日光非常充沛，仿佛可以将长期蛰伏在身体里的伦敦的阴冷都一扫而空，天空蓝得晶莹剔透，又像是悬空的静海一般深不可测，点点白云泊在阳光中，一切都美不可言。

只是，奥黛丽感觉到，母亲的心情依旧没能有所缓和。

那一日黄昏时分，阳光变成了流动的琥珀，奥黛丽与母亲沿着沙滩漫步，一路踏着海浪的低语，来自远方的微风试图将心头的忧愁吹散，二人却如岛屿一般沉默不言。

她不知道，她们变得不再亲密如一体，是不是成长的代价之一。

但她知道，母亲并不看好她的恋情，之前与马塞尔，如今与吉米，母亲都没有表示过支持。

埃拉认为，世间风流多情的男人，通常都自私凉薄，极少长情与忠诚。他们享受追逐的快乐，喜欢得手的成就感，他们爱自己远胜过爱对方，一旦新鲜感与激情殆尽，他们就会抽身而去，不可避免地让对方受伤。

作为过来人的埃拉，总是担心女儿重蹈她的覆辙，又不免害怕自己会判断失误。

是对女儿的爱，让冷静果敢的埃拉变成了一个犹疑的人。

良久过后，埃拉终于开口："奥黛丽，如果你坚持自己的选择，我只能在上帝面前祈祷你幸福。"

"谢谢母亲。"

她要如何告诉母亲呢——她们始终都是对方生命里最亲的人，她们之间的爱，不是清澈见底的池塘，而是永不干涸的大海。

所以，她们可以承受风浪，也可以享受阳光。

亲情是如此，爱情是如此，人生也一样。

她依靠在母亲肩头，看着晚霞褪去，夜幕落下，沿岸的灯火倾泻在海水之中，一池潋滟，渐渐朦胧了视线。

是时，清风拂来，眼前的天地也焕然一新。

只是，那个时候的她，已经完全沉浸在生命的喜悦之中——身边有依依相伴的亲人，远方有魂牵梦萦的恋人，事业在一点点地变得明朗，不知幸福还能如何想象……更不知道，不远处正有一双眼睛在注视着她的身影，而她的命运也会因此而改变。

10

"你是我在海边发现的珍珠"

法国著名作家科莱特夫人曾在 1945 年出版过一部中篇小说《琪琪》：

20 世纪初，在优雅浪漫的巴黎，有一个名叫琪琪的姑娘，从小跟随外祖母长大，她活泼可爱，天资聪慧，也愤世嫉俗，任性不羁。

为了把琪琪培养成一个高贵典雅的淑女，外祖母专门请了琪琪的交际花姨妈来调教她，从日常的音调、仪态、礼节、着装，到辨识珠宝的知识，可谓面面俱到。但每周一次的课程却让琪琪觉得无比枯燥，她并不喜欢那种带着功利心的教育，一切的目的都是为了讨男人的欢心，然后交换一张上流社会的通行证。她内心真正渴望的，还是一份纯真简单的爱情，不管对方阶层是否低下，都可以自由自在地活出自我。

富家子弟加斯顿是一家公司的财产继承人，遇见琪琪之后，他便经常到琪琪家中做客，并在不久后向琪琪求婚。

这也让琪琪的姨妈感到了费解，为何在加斯顿眼中，琪琪身上散发的魅力，并不是她悉心传授的淑女品格，而是她那"冒失鬼"加"野丫头"的个性。

但当时琪琪还无法正视自己的内心，她拒绝了加斯顿的求爱，也将自己推进了痛苦的沼泽——那时，她才知道，自己也深爱着加斯顿，而真爱与上流社会也不相悖。

最后，琪琪与加斯顿历经各种波折与漫漫心路，终于摒弃了各自的偏见，成了两情相悦的夫妻……故事的结局，皆大欢喜。

1951 年初，在科莱特夫人的授权下，《琪琪》一书由美国剧作家安妮塔·露丝改编完成，并更名为《金粉世界》，即将由美国制片家吉尔伯特·米勒搬上百老汇的舞台。

只是，米勒请了全百老汇的女星来试镜，也没有找到合适的人选。

米勒深知，如果能找到理想中的"琪琪"，那么也就意味着《金粉世界》已然成功了一半。

选角工作从是年春天一直延续到了初夏——就在舞台剧的制

作迫在眉睫，米勒想放弃寻找"琪琪"，改由指定某位女演员的时候，科莱特夫人决定，要亲自担任一次星探，去寻找她笔下的女主角，那个小精灵一般的琪琪。

就这样，时年78岁高龄的科莱特夫人坐在轮椅上，由丈夫陪同去找她的"小精灵"，一路从巴黎找到蔚蓝海岸。

是的，科莱特夫人，西多妮·加布里埃尔·科莱特，巴黎酒店的客人，摩洛哥君王雷尼尔三世的贵宾……就是那个隔着酒店的大堂玻璃注视奥黛丽的人。

科莱特夫人性格暴烈，才华横溢，一生都在为灵魂的自由而写作。晚年时，她的身体几近瘫痪，但目光依旧像她笔下的文字一般犀利精准，洞若观火。

那一天，《蒙特卡洛宝贝》有一场海边的外景戏，夕阳西下，被焰火点缀的海岸线美得让人窒息，奥黛丽穿着一套黑色的连体泳衣，光着脚在礁石上跳跃，然后在沙滩上悠闲地漫步，所有的心绪都犹如鸥翅飞扬在晚风中。

那场戏拍摄完毕后，她回到酒店大堂，正欲上楼时，却被坐在轮椅上的一个老太太"拦"住了。

老太太皱纹密布的脸上涂着夸张的胭脂，一头红色的短发就像燃烧的火苗，表情则像古老的岩石，冷峻而严肃，只有那双写满故事的眼睛里，透出一股掩饰不住的喜悦。

她随即回过头用法语对她的丈夫说道："我终于找到了，这就是我的'琪琪'！"

而当奥黛丽得知眼前的老太太就是法国国宝级作家科莱特夫人时，她的内心也忍不住一阵颤动。

科莱特夫人向奥黛丽简单介绍了自己的来意之后，又邀请奥黛丽第二天到她的房间进一步商议出演琪琪一事。

她声音很轻，语气却君临天下，毋庸置疑，仿佛是对奥黛丽下达一道温柔的命令。所以，还没等到奥黛丽的回复，她便示意丈夫将自己推进了酒店的餐厅。

翌日清晨，奥黛丽准时赴约了。

穿越酒店过道时，一步一步，就像踩在云朵上，她不知道即将到来的会是什么，就像踏上一段未知的旅程，心情即兴奋，又忐忑。

但她知道，有一点是笃定的，那就是她的命运之书，必定会在推开房门的那一刻，另起篇章。

于是，奥黛丽和科莱特夫人开始用法语交谈，从时尚谈到美食，从音乐谈到情感，在"金叶"牌香烟的袅袅烟雾中，气氛渐渐变得轻松，而奥黛丽也发现了科莱特夫人幽默与慈爱的一面……

科莱特夫人还告诉奥黛丽，她曾做过哑剧演员，也做过记者，人生经历丰富多彩，她曾获得过极致的成功，也曾遭受非议和误解，但一直坚信自由是世间最丰饶的宝藏。

一个上午过去，她们已然成为忘年之交。

其间，科莱特夫人让丈夫写了一封信寄给米勒：

科莱特和我已经找到了一位在蒙特卡洛拍片的英国女演员，她非常年轻漂亮，而且在她的优雅和美貌之下，还保留着可贵的孩子气，这点实在难得。科莱特对她"一见钟情"，认为她非常合适饰演琪琪。还请你们没有看到她之前，务必不要指定他人饰演，因为琪琪一角，非她莫属……她虽然没有太多舞台表演经验，但她迟早会成为一位一流的明星……

向科莱特夫人告别时，夫人又给了奥黛丽一个拥抱，并送了一张她的签名照片，上面写着——

"送给奥黛丽·赫本——你是我在海边发现的珍珠。"

尽管得到了科莱特夫人的认可，奥黛丽也答应了参演琪琪，但她还是如坠梦中，不敢相信眼前发生的一切……

她，奥黛丽·赫本这枚珍珠，真的可以在百老汇的舞台上大放异彩而不负所望吗？

或许，她还需要一点爱情的鼓励。

是年7月初，《蒙特卡洛宝贝》杀青，法语版《去往蒙特卡洛》也同步完成，奥黛丽与母亲回到伦敦。

在维多利亚车站，吉米手捧鲜花来迎接奥黛丽，穿过人山人海，看到他的那刻，她身上的疲惫仿佛一扫而空。奥黛丽打开双臂一路向他跑去，就像是一只小鸟，投进了森林的怀抱——她已经迫不及待地想要与他一起分享她在蔚蓝海岸的所见所闻。

她想，她的男朋友一定会用爱的力量支持她的事业，就像她的母亲一样，是那么希望她可以顺利通过接下来的面试，然后登上百老汇的舞台，发出熠熠光辉。

然而令她意外的是，吉米并没有表现出她所期待的喜悦。

"奥黛丽，你真的想去美国吗？"

"是的，吉米，机会难得，我不想错过。"

"你完全不用如此劳累，亲爱的。女人的事业可以为生活锦上添花，但不必成为生活的重心。我也不想与你长期分居大洋两岸，我们可以马上结婚，我有能力给你轻松美满的生活……"

"吉米，可是我认为结婚和事业并不冲突，我也会很快返回伦敦的，就像这一次，我一刻都没有停留，不是吗？"

"那如果又有新的机遇呢？更多的机遇呢？如果是好莱坞的大片呢？你会错过吗？"

她不再说话。

一阵突如其来的疲惫袭击了她。

坐在椅子里，她点燃了一支"金叶"香烟，她不明白，为什么一个人有了爱，就会有了羁绊，内心便不再自由……

而那个她最希望与她一起分享虹光，一并承担风雨的人，到底没有站在她的身边。

就在奥黛丽犹豫之际，《金粉世界》的制片人米勒和编剧安妮塔已经抵达了伦敦，他们将对她进行一场最终的面试。

在萨伏伊酒店的套房里，按照要求，她朗读了一段属于琪琪的台词，但米勒并不是很满意。

他似乎察觉到了她的心不在焉，更担心她的嗓音太小——因为当时百老汇的演员都不会用麦克风扩音，如此便会影响到整个表演氛围，让观众无法完美地感受到人物情感的变幻。

米勒把目光投向安妮塔，而安妮塔沉思了片刻后，便对着米勒会心一笑："就这样吧——我想她只是缺乏一点舞台经验，我们找个合适的人调教即可，只要她愿意学习……我是真的很喜欢这个女孩，她的身上似乎天生就带着一种光芒，只有孩子才能给人这种感觉，她独特的气质，可是旁人学习不来的。"

奥黛丽的面试通过了。

不久后，奥黛丽的伯乐科莱特夫人从巴黎来信："恭喜你，我的'琪琪'，我和百老汇都在期待你的表现。"

见字如唔，看着信纸上亲切的字迹，奥黛丽突然感受到了一种久违的激情，青春年代里在舞台上那种"不服输"的欲望又在她骨子里复苏了。不可否认，即将迎接她的，其实是一场激动人心的冒险。

这便意味着，她与吉米的婚约将推迟一段时间。

但接下来发生的一件事，又让奥黛丽与吉米之间的感情经历了一场悄无声息的风暴——就在出发去往纽约参演《金粉世界》之前，她参加了美国派拉蒙公司的新片《罗马假日》的试镜，而且再次顺利通过——奥黛丽将在不久之后，饰演剧中的女主角。

一如吉米所料，好莱坞真的向她伸出了橄榄枝，她的未来也几乎可以预料，生活会越来越忙碌，人生会有更多的可能……

而这一切，即便是荣耀与顺境，他都不愿分享。

他是爱她的，她信。

但她也慢慢发现，他更爱一个可以安静陪伴他在伦敦生活的妻子，而不是一个整天把时间花在工作上的女人。

她也是爱他的，她明白。

但她也非常清楚，美国之行不仅可以带给她经济上的自由，内心的独立与自信，还有命运的新生。

那么就不如义无反顾地去美国吧，奥黛丽想，因为这个时候，他们都需要一点时间和空间，来检验彼此相爱的初衷。

她一直渴望爱人的关怀、家庭的温暖，而当一切触手可及时，她又忍不住产生了犹疑，是否都是自己想要的模样。

11

登上百老汇舞台，她就是"琪琪"

1951 年 10 月底，经历了将近二十天的航程，奥黛丽终于在曼哈顿港口看到了纽约的天际线。

米勒接到奥黛丽后，来不及等她适应环境，就火速给她制订了两项课程——《金粉世界》开演在即，门票在几个月前就已经全部售罄，她必须在一个月的时间内，成长为一个完美的"琪琪"。

首先，是形体课。

从伦敦到纽约的二十天里，奥黛丽的体重骤然增加了十几斤——奥黛丽后来回忆说，从她被选为琪琪开始，她就一直在承受着巨大的心理压力，如果《金粉世界》不能演出成功，那么也将累及之后的《罗马假日》，她的演艺之路很可能会全盘皆输。

再加上感情方面的因素，她在船上吃了太多的零食和巧克力，试图用食物提供的多巴胺来缓解内心的不安。

所以，她必须马上减肥。

米勒在剧院隔壁的丁提摩尔餐厅为她量身定制了一款"奥黛丽减肥餐"，由一小块鞑靼牛排和一盘蔬菜沙拉组成，厨师有时候也会给她偷偷加一点比利时啤酒。幸好半个月后，她就恢复了往昔的苗条身形，并且再也没有长胖过。

那也是因为她掌握了一套适合自己的形体法则，除了日常的身体锻炼之外，在控制体重之前，首先要学会的，就是控制好自己的情绪，做情绪的主人。

然后，是发声训练和舞台表演。

著名的百老汇女演员凯瑟琳·奈斯比特在《金粉世界》中饰演琪琪的姨妈，给琪琪教授上流社会的淑女礼仪。在舞台下，她又成了奥黛丽的戏剧老师和最贴心的朋友——她常对奥黛丽说，奥黛丽的性格很像她在伦敦工作的女儿，而奥黛丽在她身上也获得了母爱般的温情。

从小时候看到父母声嘶力竭地争吵起，奥黛丽就不曾高声对人说过话，如今，奈斯比特决定用唱歌来训练她的发声。

为了保证最后一排观众的视听感受，她夜以继日地训练，白天在舞台，对着空旷的观众席展露她并不完美的歌喉，或者是在奈斯比特家的花园，对着一棵树、一朵花、一架秋千念台词。晚上就在投宿的黑石旅馆，紧闭门窗，站在浴室里，一遍又一遍，逼迫自己可以大声地清晰地说出每一个字。

但就在奥黛丽的发声得到了奈斯比特和米勒的认可后，她在表演方面又出了问题。

《金粉世界》由法国导演雷蒙·胡勒执导，排练的第一个星期，雷蒙看了奥黛丽的表演后，已经不止一次地想开除她。

"表情紧张，动作夸张，完全不得要领……如果有新人接替你，请你立即离开这个舞台……"

他劈头盖脸的批评经常让奥黛丽沮丧不已，而更让她惶惑的是，她越是努力想要达到他定的标准，就越是达不到。

被一个人全盘否定的滋味太难受了，奥黛丽的自信心受到了严重的打击。那段时间，她每天彻夜不眠，枯坐在旅馆里抽烟，像一个在众目睽睽之下表演砸了的小丑，只想把自己封闭在无边的黑暗里面。

好在奈斯比特向奥黛丽伸出了援手，是她向雷蒙保证，一定会在首演前给他一个让观众喜爱的琪琪。

"让我想想……让我想想到底是哪里出了问题……亲爱的奥黛丽，我和科莱特夫人一样，完全信任你的努力和灵气……所以请你记住，即便你不是最完美专业的女演员，但你的确是最完美的琪琪。"

奈斯比特的一番话，终于让奥黛丽豁然开朗。

表演本就没有模本，为何不按照自己喜欢的方式去诠释和演绎？

昔日在蔚蓝海岸，奥黛丽无心插柳，打动了科莱特夫人的心，也是因为她看到了奥黛丽本真自然的状态，若非如此，她完全可以避免舍近求远，选择一位百老汇的专业女演员。

有一场戏，是琪琪经历了爱情中的辗转悲苦，从那一刻起，她的心智也由一个青涩任性的女孩，变成了一个自信成熟的女人。

于是在舞台上，奥黛丽让自己彻底放松了下来——她已经爱上了加斯顿，拒绝他的求爱后，她备受煎熬，心痛难抑，甚至比失恋更痛苦……

她告诉自己，自己就是琪琪，要把自己当成琪琪，而不是努力去学习成为琪琪。

那场戏顺利地结束了，当演员们都离开了舞台，她才发现，中间并没有被雷蒙打断。

她拥抱着奈斯比特，就像经历了一场悲勇艰辛的大战，一时感慨万千。

1951 年 11 月 24 日，《金粉世界》正式开演，纽约的富尔顿剧院，万千观众翘首以待。

印着奥黛丽照片的海报，贴满了纽约城的每一条大街。她的名字"AUDREY HEPBURN"，也终于被制作成巨大的广告灯箱，在剧院上空彻夜闪烁。

然而遗憾的是，多年前曾给予她这个名字的人，却没能站在她的身边，分享她的这份殊荣。

《金粉世界》成功了。此后，每一场演出都座无虚席。

多年后，人们总喜欢说，奥黛丽·赫本从一个跑龙套的小演员变成百老汇的大明星，只用了两个小时的时间。

是的，她是极其幸运的，但幸运之外，成功并非一蹴而就，一夜酿成。

曾经，她和母亲在伦敦的陋室之中，过着拮据的生活，默默无闻，为尊严与梦想而奔波。虽然她的表演机会很少，也没有受过太多的训练，但在这奇迹般的两个小时发生之前，她已经辛勤耕耘了多年。

一朝成名，前途柳暗花明。

科莱特夫人第一时间发来贺电，她预言此后演艺圈将有两个家喻户晓的赫本——她将奥黛丽和著名的奥斯卡影后凯瑟琳·赫本相提并论，实在让奥黛丽感觉受宠若惊，但也从侧面证明，舞台背后，奥黛丽无数次的苦心排练与身心熬煎都没有浪费。

各种邀约与采访也随之而来。

不少电影公司前来接洽，希望与奥黛丽签约，继续拓宽戏路，但奥黛丽已有合约在身，只能婉拒。

也有许多酒宴、颁奖典礼、募捐仪式来请奥黛丽做嘉宾，不过除却慈善之外，其他的活动她都会一概谢绝，一方面是因为实在分身乏术，另一方面是听从了米勒的意见，与媒体保持适当的距离，以保存演员本身的神秘感。

奥黛丽的照片几乎登上了美国所有杂志的封面，《生活》杂志曾用五个版面来介绍她的出道经历，《瞭望》杂志则接着推出了一篇关于"奥黛丽·赫本"的重点文章。在记者笔下，她是舞台的惊喜，也是百老汇熠熠生辉的新人：

"奥黛丽·赫本看起来的确有些缺乏舞台经验，但正是因为这一点，我们看到了一个鲜活的'琪琪'，她就是'琪琪'，走到了我们身边……"

"她就像刚洗完澡的小狗那样清新自然……我们喜欢她！"

"才华横溢的年轻女演员，不做作的表演方式恰到好处地弥补了她经验的不足，我猜想她本身就是一个像'琪琪'的女孩，一个天真淘气与优雅自信的并存体。"

……

首演一周后，米勒为了鼓励士气，又让奥黛丽爬上梯子，扭动剧院上方的广告灯泡，点亮自己名字的最后一个字母。

如此一来，剧院的广告就从之前的：

《金粉世界》

主演

奥黛丽·赫本

变成了：

奥黛丽·赫本

主演

《金粉世界》

第二天，奥黛丽点亮灯泡并回眸一笑的照片，又成了纽约最大的报纸头条。

媒体称她："百老汇的可爱精灵"。

观众们称她："一个会走动的梦"。

而没有人知道，她更愿意做的，其实是一颗无视自身光芒的星。

她希望自己无论日后多么璀璨耀世，荣誉加身，都可以一直保持着优雅、谦逊和低调，用全部的身心，守护好一颗贵族的灵魂。

所以当记者们向她打听未婚夫的消息时，她从不会向他们透露什么，她也不想有过多的舆论去打扰吉米。

但令她没想到的是，1951年12月4日，伦敦《泰晤士报》发布了一则消息：

约克郡哈德斯菲尔德诺伍德庄园罗伯特·汉森夫妇之子詹姆斯·汉森与伦敦南奥德利街65号埃拉·凡·赫姆斯特拉女男爵之女奥黛丽·赫本订婚。

是吉米单方面宣布的。

彼时，他告诉记者："我这一生，从未如此爱过一个女人。"

多年后，谈及与奥黛丽之间的往事，他又告诉友人："当初的猎艳是真，后来的深爱也是真，如果不是爱她，便不会想娶她，留她，怕失去她……"

于是，为了把奥黛丽留在身边，他开记者会，写信到她的剧组，干涉她的工作，安排她的时间，大张旗鼓地宣布婚讯，让她必须回到英国结婚……诸如此类，屡次陷她于两难。

他的爱，就像华丽的桎梏，渐渐要让她窒息。

的确，她一直渴望爱人的关怀、家庭的温暖，而当一切触手可及时，她又忍不住产生了犹疑，是否都是自己想要的模样。

直到母亲将一份报纸送到她的面前。

从标题到文章，字字句句，刺痛双目。

照片上，她的未婚夫正在酒店幽会多名妩媚女郎，软玉温香，耳鬓厮磨。

他对她们，说的也是山盟海誓，绵绵情话吗？

"奥黛丽，希望你不要重蹈我的覆辙。"母亲语重心长。

她掩面而哭，心底那个年久幽深的伤口，被生生撕裂。

当然，她也可以选择视而不见，但她怎能接受，日后自己的孩子在父母破碎的婚姻之下遭受的痛苦。

事后，吉米坦然："不过是逢场作戏，你若介意，我收敛就好。你要相信我对你的爱。"

"不必了。"

她相信他。

但她也相信，他说的爱，与她所理解的爱，从来就不一样。

1952 年 11 月 18 日，在芝加哥参加《金粉世界》巡演的奥黛丽发出一份申明：

影星奥黛丽·赫本与詹姆斯·汉森已友好分手，婚礼正式取消。

面对来势汹汹的记者，奥黛丽只能淡淡回应："我现在还生活在严谨的工作时间表里，它要求我拍完电影后就必须回到百老汇的舞台，然后是好莱坞，汉森先生也要在英国和加拿大管理他的家族生意，我们几乎没有可能拥有正常的婚姻生活……是的，汉森先生很优秀，但他不可以做一个替我拿外套，专门等着我给影迷签名的人。他的家族地位更不容许他那样，而我也还没有能力去做他理想中的妻子。"

是夜，她站在密歇根湖畔，安静地点燃了一支烟。

前尘往事，繁花密约，皆如云烟过眼。

唯有凉风年年，染透季节的萧寒，让匆匆行人不由得相拥取暖。

蓦然抬头时，穹顶如洗，银河粼粼，光影倾倒在透明的密歇根湖上，交映出一层神秘的蓝。

属于爱情的传说依然在人间流转，而芝加哥的夜色，也如伦敦一般幽谧如歌，动人心弦。

只言人心易变，却道月色依旧。

璀璨星途

我不会试图摘月,我要月亮奔我而来

我不能被这些奖项冲昏头,从而有所松懈,
忘了毕生之志——成为真正伟大的女演员。

——奥黛丽·赫本

12

每个人心里都有一个"罗马假日"

被寂静和夜色笼罩的罗马大使馆内，来此进行访问的某国公主被各类仪节折磨了一天后，站在豪华大床上，对侍女说："我讨厌每天都穿睡袍。"

"不，睡袍很美，殿下。"

公主无奈地叹了一口气，却突然从床上一跃而下——透过窗户，她看到了楼下不远处平民的夜生活，他们可以自由自在地在大街上跳舞欢笑，不用背诵冗长的致辞，一切都让她欣羡不已。

"不可以站在窗边，殿下。"侍女赶紧拉严了窗帘。

公主颓唐地钻进被窝里，侍女又端来了牛奶——在公主喝牛奶的空隙，还有接下来的行程表需要比对，那上面的每一个活动都事先做了安排，绝对不能出错。

公主机械式地重复着侍女的话，情绪的堤坝却一点点地被积压已久的烦闷冲垮。

她开始歇斯底里地哭泣，有谁可以倾诉呢——她真正讨厌的，自然不是睡袍，也不是牛奶，而是永远接见不完的宾客，是一切了无生趣的繁文缛节，是通过行程表安排的刻板的一成不变的日子……

侍女只能叫来医生给她注射镇静剂。看着公主慢慢睡去，侍女退出了房间，关上了门。

怎料公主只是假装睡去，待侍女走后，她马上从床上起来，看了一眼窗外，然后迅速换上一套简单的衬衫和长裙，逃出了房间，在楼下悄悄爬上一辆即将开出大使馆的三轮货车。

当货车徐徐开动，公主从凌乱的货物里探出头来，发现自己正向着大使馆相反的方向慢慢远去时，她的嘴角终于溢出了笑意。

逃走的公主在灯火通明的街道上闲逛着，体验到了一种从未有过的平民式的快乐，但镇静剂的药效慢慢发作，她昏睡在了马路边……之后阴差阳错，又被一名记者"捡"回了家。

第二天，穷困潦倒的记者乔无意间发现了公主的身份，决定与他的摄影师朋友联手炮制一个大新闻，由他陪公主周游罗马，摄影师趁机偷拍下公主的生活照。

于是，便有了令人难忘的一天的"罗马假日"。

他们光顾了咖啡店，她抽了人生中的第一支烟。他们骑着摩托车穿过大街小巷，却因她的车技而造成混乱被警察带走。他们在古罗马的角斗场倾听远古的风声。他们去高大的许愿墙下放下自己的心愿，但她笑着说，她的心愿可能永远都不能实现……

而另一边，身为皇室继承人的公主失踪了，将被列为国家一级机密，永远埋藏在大使馆里，那些紧急调来寻找公主的便衣，则悄然潜入了罗马城的每一条街道。

夜幕时分，乔与公主在台伯河边相拥而舞，夜风习习，灯火流丽，两颗心也互生情愫……

直到遇到了便衣，大闹一场后，他们才一起跳河逃离。

回到乔的家中，广播里恰好在放"公主抱恙，延迟访问"的新闻。那一刻，她知道自己终究不得不面对现实，她将回到大使馆，而她从今往后的一切，都会与他无关。

深夜，他开车送她回去，在大使馆附近，两人相拥而泣，一个吻瞬间胜过永恒。

"现在我要离开你了，我会在街角转身……答应我，用你的目光送我离开……"

他忍住眼泪，努力给她一个微笑，看着她的背影消失在夜色中，心底涌起甜蜜的悲凉。

公主和平民是注定不可以相爱的。

所以，在爱情面前，她选择了家国的责任，而他也下定决心，将那些偷拍的照片交给她当作纪念。

翌日，在公主的记者招待会上，隔着阶层与人群，他们再见面，已是咫尺天涯。

当有人问起"殿下最喜欢哪座城市"时，她望向他，他承接住她的目光，就像海洋包容了岛屿。

那一刹，千般离愁，万种不舍，尽在绵长的对视中释然。

"罗马，我最爱的城市，无疑是罗马。在这里度过的日子，将让我永生难忘。"

因为一个人，爱上一座城。

而上天赐予的幸运，只够遇见你。

好在这场相遇已足够美好，就如注入二人人生的一剂良药，足以治愈过往的苦痛与失意，又如照进未来的一道光，让前路不再昏暗迷茫。

这就是《罗马假日》，一个比童话更浪漫的故事，一个让全世界影迷心动的梦境，一首让人感怀又唏嘘的诗篇，抒写了爱情最美好的模样，氛围甘甜而忧伤……

同时，《罗马假日》也是第一部由奥黛丽担纲女主角的电影，不仅对她有着独特的私人意义，让她走上了好莱坞的璀璨星途，更间接决定了她往后情感与命运的走向。

1951 年秋，奥黛丽接到通知，让她准备参加《罗马假日》的试镜。

来自美国派拉蒙公司的选角主任理查德·米兰德曾看过她的《天堂笑语》，也与联营影业做过沟通，他认为她的条件与《罗马假日》中的欧洲公主基本相符，比如年龄、相貌、天生的贵族气质，以及说话不带美国口音——这个角色，导演威廉·惠勒已经寻觅良久，从影星伊丽莎白·泰勒到初出茅庐的新人，都没有遇到一个"为安妮公主而生"的演员。

只是，当理查德将奥黛丽的资料和照片寄往派拉蒙公司后，却发生了一个小插曲，派拉蒙方面希望她改掉"赫本"的姓氏，重取一个艺名，因为当时提及"赫本"，大家都会想到奥斯卡影后"凯瑟琳·赫本"，他们担心凯瑟琳·赫本的盛名会掩盖她的光芒。

但她坚决不同意。

这个名字，不仅是父亲留给她的纪念，也是她用生命固守的亲情，是这个世上，她与父亲失去联系后，唯一可以隔空相认的东西。

从踏上大银幕之路开始，她就一直有一个私人心愿，她希望有一天，她的父亲在某个地方，可以听到她的名字，看到她的作品，并从中获得一丝亲情的欣慰与联结……

最终，派拉蒙公司还是做出了让步，他们要求看试镜片。

于是，不久后的 9 月 18 日，在松林制片厂，奥黛丽见到了理查德一行。

"请上前来，将手从口袋里拿出来，坐在椅子上摆一个好的姿势……我想听你谈谈战争，你一直都在阿纳姆吗？"

"是的。"

"那真的很艰难……"

"是的，非常艰难。"

"从那个时候开始，你就进入表演行列中了吗？"

"不是的，最初我在芭蕾舞学校就读，因为当时不知道战争会持续多久……但我也曾通过地下组织为抗战筹集资金，当时资金十分匮乏……"

"那德军不会干预吗？"

"他们根本不知道！"

她脸上绽开一个狡黠的微笑，理查德也跟着笑起来，并称赞她："嗓音清澈，充满朝气，没有口音，真是非常聪明的女孩，小羚羊似的机警，青春洋溢，有斗志……"

理查德告诉奥黛丽，他对她的形象极为满意，如果制片方和导演看过试镜片后也一致同意的话，那么就可以即刻签约。

而当奥黛丽看到前来拍摄试镜片的人正是《双姝艳》的导演梭罗德·迪金森时，她的心情已经完全平静了下来。

梭罗德工作严谨，内心却有着邻家大哥的亲切，在镜头面前，他们仿佛又回到了从前共事的时光。

那一天，奥黛丽穿了一件男式的白衬衫，颈部打了一个俏皮的蝴蝶结，下面是黑色裤子，平跟鞋则让她的脚步轻盈而自由。

她没有想到，她简单的装扮居然会获得好莱坞传奇服装设计师伊迪丝·海德的认可。海德将为奥黛丽介绍《罗马假日》里安妮公主所穿的几套服装及设计理念。

奥黛丽也勇敢地提出了自己的建议："为了更好地呈现电影中安妮公主的罗马假日，她的服装应该需要更加简洁的领口，更宽的腰带，更平的鞋子……"

海德的毒舌与才华一样远近闻名，但她微笑着对奥黛丽说："非常好的建议，我已经注意到了，你没有垫胸，也没有垫肩，穿平底鞋，妆容清淡……一个如此聪慧的银幕新秀！你天生就懂得如何诠释自己独特的气质，太难得了……你要知道，许多大明星也是盲目的潮流追随者，一辈子都找不到自己的风格。"

然后，奥黛丽换上海德设计的戏服，接连表演了两个场景，都是一气呵成。

一套是公主出逃时穿的便服，奥黛丽所钟爱的白色衬衫与青春味十足的喇叭裙，在影片中，她将穿上这套服装，剪短头发，坐在西班牙广场上体验吃冰激凌的乐趣。

另一套是公主参加宴会的皇家礼服，低胸，奢华，衣领上点缀着蝴蝶结，需要佩戴王冠、钻石项链与白色手套，她穿上后在镜头面前提着裙摆自然地转了一个圈，然后优雅地坐下，幻想自己是生长在城堡里的公主，至于表情与走路的姿态，用母亲从小教会她的那套礼仪便可。

"太棒了……在此之前，我曾骄傲地以为，只有'安妮公主本人'才能驾驭这几套戏服，但看来我错了……"就在镜头喊停的那刻，海德突然拥抱了奥黛丽，"我错得如此心悦诚服。"

如此，几天后，在罗马实地考察的导演惠勒便惊喜地声称，自己终于找到了"为安妮公主而生"的女孩，《罗马假日》可以开拍了！

派拉蒙方面也正式来函，他们在"奥黛丽·赫本"下面用红笔加上了下划线，并附言："这位赫本小姐当选，完全可以称得上是好莱坞、伦敦及纽约收到过的所有试片中的最佳试片之一……我们表示衷心祝贺……谨代表巴尼、弗兰克和唐。"

巴尼、弗兰克和唐，正是派拉蒙的三大负责人。

派克曾告诉她，在他心里，她永远是那个台伯河边初相遇的明艳女孩，面容温静，眼神清亮，笑容可以点亮罗马城的夜空。

13

派克：情如皓月，义似清流

1952 年 6 月 1 日，奥黛丽抵达罗马。

是夜，制片方在台伯河边的酒店里开设晚宴，为剧组成员接风洗尘。

由于《金粉世界》的空前成功，一直等到 5 月 30 日，收了派拉蒙五万美金的米勒才勉强放人，还不忘提醒奥黛丽遵循合约，只有四个月的时间在罗马停留，必须于 10 月 1 日前返回纽约，参加《金粉世界》的全美巡演。

于是，第一轮《金粉世界》的最后一场演出一闭幕，奥黛丽便马不停蹄地搭乘航班奔赴罗马，也的确算得上风尘仆仆。

奥黛丽第一个见到的，便是惠勒。

当时，惠勒是已经六次提名奥斯卡，两次获得奥斯卡金像奖的导演。他经验丰富，睿智幽默，且善于调教演员，这一次，也是他为《罗马假日》争取到了实地取景的机会。

接下来是来自派拉蒙化妆部门的阿尔贝托·德·罗西，一个温厚的意大利人。

几年后，罗西和妻子格拉西亚成了奥黛丽的化妆师和发型师，也是他们为奥黛丽打造了经典的翼形眉，两道浓眉如矫健的鹰翅飞入鬓角，不仅可以衬托眼睛的灵动，还可以修饰她略宽的下颌轮廓，让面部看起来高雅又英气，继而成为"奥黛丽·赫本"的时尚符号与个人标识。

"公主的肌肤，应该有着明亮的光泽，而非看似美丽却可怜无趣的脸，我不会用太多粉，好的化妆师，应该是风格的唤醒者……"

罗西告诉奥黛丽，在《罗马假日》中，他已经为"安妮公主"想好了化妆方案，一种"赫本"式的诠释方式……既可以体现公主的贵族气息和甜美脸庞，又能极大程度地保留她纯真烂漫的青春活力。

然后，是格里高利·派克。

今夕何夕，见此粲者。

他是声名远播的天王级明星，已有三部影片接连获得奥斯卡提名，并以《鹿苑长春》一片获得金球奖，他也是《罗马假日》的第一主角，英俊伟岸，温润如玉。

"你好，我的公主殿下。"他微笑着，打开右臂，未拍先入戏。

她俏皮一笑，心领神会地配合："愿不负期待，亲爱的记者先生。"

是夜，台伯河的水波在月光下静谧流淌，霓虹灯温柔地闪烁，罗马城就像一片巨大的萤火森林。

闭上眼睛，在红酒散发的香氛里，整个世界都仿佛悬浮在眼波之上……真是浮生若梦。

《罗马假日》拍摄得并不顺利。

那是罗马史上最热的一个夏天，每次出外景时，都像在蒸空气桑拿。而为了一睹巨星派克的风采，热情的市民们又经常把片场围得水泄不通，熙熙攘攘如闹市，一再拖慢进程。

导演惠勒则对待镜头极为严苛，讲究慢工细活，其中有一个安妮公主和乔骑着摩托车穿越城市的镜头，为了达到自然流畅的效果，整整拍了一个星期。

另一个在车上需要安妮公主痛哭的镜头，也是拍了不下五十遍，由于奥黛丽的情绪一直没有到位，最后，惠勒只能用一个"笨办法"，直接把她骂哭。

还有一个是乔带着安妮公主去石像"真话之口"——根据古罗马的传说，一个人把手伸进石像的口中，如果他内心不够真诚，说了太多谎话，就会被石像吃掉手指……

不知为何，奥黛丽迟迟不能进入状态，表达出一个公主对谎言的那种恐惧。

"如果男女主角不能表现自然，那么这部影片就将一无是处！"炎炎烈日下，导演的怒吼像子弹一般击中她的耳膜，她内心愈发焦灼，压力倍增。

"不用急，慢慢来。"好在身边有派克扮演温和良师的角色——在他身上，奥黛丽看到了他对表演的热爱，"表演，也是一门值得用生命付出的艺术。"他体贴慷慨，总是愿意将心得倾囊相授，比如教她如何迅速地入戏，帮她一起分析剧本，甚至包括如何跟光怪陆离的好莱坞保持距离……

后来，他干脆朝她眨眨眼睛，建议她站到他的身边，而他却一时兴起，临时加了一段戏——

他把手缩进衣袖里，假装被石像咬住了手指而痛得大喊，吓得她连声尖叫，赶紧抱住他的胳膊，想帮他把手拔出来……当她得知那不过是他的小小的恶作剧时，又不禁气也不是，喜也不是，只好害羞地扭头跑开。

这时，镜头已经记录下了这一幕，导演的脸上泛起雨过天晴的微笑，他觉得这段演绎非常真实有趣，已经超越了剧本本身。所以，《罗马假日》上映时，才有了以上的经典片段。

不过让奥黛丽印象最深刻的，还是台伯河边的那场戏。

剧组拍到一半时，才发现桥下被恐怖分子绑满了炸药，是时，桥上车来车往，头顶日光如炬，生死千钧一发，竟在瞬息之间，幸而警察及时赶到，疏散车辆，隔离人群，拆除了炸药。

而派克，在发现危险的那刻，本能地将奥黛丽挡在身后。

事后，奥黛丽惊魂未定，唏嘘着庆幸："有惊无险。"

他望着她，眼神温情如深海，却皎如无边皓月……遂风趣地回："生死之交。"

那一天，因为炸药事件，剧组只能宣布放假半天，而演员们正好可以去罗马城参观一番。

奥黛丽和派克去了西班牙广场旁边的济慈纪念堂。

一个多世纪以前，贫病交加的济慈将自己的声名写在水上，然后永远沉睡在了罗马。如今，纪念堂里依然保存着他的诗集与一缕秀发，而世人对他的思念与爱慕，却已经如星星缀满了夜空，照耀着生命的春华秋实，在哀婉的诗意里永恒轮回。

但凡看过《罗马假日》的人都会有印象，安妮公主和乔在相遇与分离时，都朗读了济慈的诗句。

不知道是不是编剧有意理下的草蛇灰线，公主与记者的感情，从相遇那一刻开始，就注定了分离。就像济慈的爱情，潦倒的诗人与富家小姐的结合，命运一开始就种下了凄美的伏笔，便注定了生死与爱，皆是一地叹息。

若非如此，他也不会对恋人写下那般销魂蚀骨的情诗：

我期冀着，我们可以化成蝴蝶，纵然生命仅有三个夏日，这三日的欢愉，也胜过五十载的寂寥春秋。

还记得走出济慈纪念堂的那一刻，夏日夕阳的余晖给整个罗马城镀上了一层恢宏的金色，仿佛是曾经伟大帝国的一帧时光剪影。

然而在岁月与命运面前，又有多少轰轰烈烈的爱情被埋藏在这片土地下呢……于是，看着身边人，奥黛丽也不禁为安妮公主的爱情伤感了起来。

世人常说看戏的人喜欢对号入座，拍戏的人又何尝不是？

拍摄多有坎坷辛劳，好在剧组成员都能融洽相处。

奥黛丽记得记得夜间收工后，若有当地的露天舞会，大家就会一起出门跳舞，在音乐和啤酒中放松身心。

在片场休息时，派克会邀奥黛丽一起打扑克。通常，他们两个人在墙脚的阴凉处支一张小桌子，就那样穿着电影里的戏服，忙里偷闲地玩上几局，调节一下紧绷的情绪，就像是刚从戏里走出的恋人，弥补了电影结局的怅憾。

是的，《罗马假日》不再是"有情人终成眷属"的结局。

剧中有一句台词，安妮公主站在许愿墙边，对乔说："到了午夜，我就会穿上水晶鞋坐着南瓜马车离去……"

乔笑道："那可是童话里才有的结局。"

而她真的离去了，他们的结局却没能像童话一般，公主爱上了王子，他们从此过上了幸福的生活……

1953 年 8 月，《罗马假日》在纽约正式公映，结果不负众望，电影好评如潮，票房大获全胜，一票难求，其魅力继而席卷全世界。

奥黛丽也获得美国媒体的盛赞："世界的公主，人间的精灵，奥黛丽·赫本以优雅的气质、倾城的容貌、灵动的个性、纯真的眼神，俘获了全世界的心动。"

半年后，奥黛丽又因安妮公主一角获得了奥斯卡奖杯。

站在领奖台上，她亲吻着奖杯，激动得热泪盈眶，但她心里非常明白，这座奖杯是派克送给她的礼物。

按照《罗马假日》的合约，派克是唯一可以将名字放在头牌位置的演员——这也是巨星才能获得的殊荣。

但派克希望奥黛丽的名字可以与他一起并列片名之上，他打电话给惠勒："在这部影片里，赫本的表现绝不在我之下，她理当获得这样的待遇。"

不久后，他的经纪人便按照他的要求，修改了合约。

如此，片首内容才变成了：

派拉蒙影片

天王巨星格里高利·派克

新星奥黛丽·赫本

出演

威廉·惠勒执导

《罗马假日》

而奥黛丽，也才有了评选奥斯卡最佳女主角的机会。

所以，多年来，便总有人询问奥黛丽，是否和派克之间有过不为人知的情愫。就像拍摄《罗马假日》时，曾有记者在片场偷拍他们的照片，发表后配以醒目标题——"格里高利·派克与奥黛丽·赫本疑似恋爱？""格里高利·派克与奥黛丽·赫本的'罗马假日'……好一对璧人。"

岁月漫漫，情系何方，时间埋藏了答案，也珍藏了记忆。

事实上，派克当时已有自己的爱情归属，奥黛丽也有婚约在身。

多年后，他们再相见，也依然可以倾诉肺腑，欢如平生。

但他们之间，有的只是相善相契的诚挚感情，不曾痴缠，也不曾离弃，值得彼此安然地守护一辈子。

派克曾告诉她，在他心里，她永远是那个台伯河边初相遇的明艳女孩，面容温静，眼神清亮，笑容可以点亮罗马城的夜空。

而在她心里，他也一直是那个倾尽一腔赤诚，帮她，宠她，祝福她，遇到危险了会将她拉到身后的人。

他们有情，但情如皓月；他们有义，而义似清流。

14

遇见纪梵希：我不会试图摘月，我要月亮奔我而来

1953 年 7 月底，奥黛丽前往巴黎为新片《龙凤配》购置戏服。

如果按照派拉蒙最初的安排，奥黛丽将与海德继续合作，海德会为奥黛丽设计全套的戏服，但很遗憾，看了海德的方案后，奥黛丽感觉海德的设计风格并不符合女主角的人生历程。

在《龙凤配》中，女主角塞布丽娜出生于富丽的拉若比庄园，只是她并非庄园里的贵族小姐，而是一名从小穿着女仆服装的司机的女儿。

成年后，塞布丽娜爱上了庄园主的儿子戴维，但戴维对她视

而不见。面对阶层的壁垒，她一度痛苦不堪，还曾为他自杀过。

"不要企图获得月亮，塞布丽娜。"

怎料父亲的劝诫没有浇灭塞布丽娜的爱意，反而催生了她为爱一搏的决心，她回答父亲："我不会试图摘月，我要月亮奔我而来。"

不久后，她便前往巴黎学习厨艺，经过大都市的洗礼，她慢慢蜕变成一位优雅时尚的美丽女郎。只是待她学成所归时，戴维已经与一名富家千金订婚。

订婚之夜，塞布丽娜穿着一套刺绣礼服出现在庄园宴会上，她散发的魅力惊艳了所有人的目光……这一切正是她想要的结果。

塞布丽娜很快俘获了戴维的心，他们的感情迅速升温，戴维甚至不顾家庭的反对，要为她解除之前订下的婚约。

为了家族的利益，戴维的哥哥莱纳斯决定主动追求塞布丽娜，希望迫使戴维与塞布丽娜分离，尽快与其未婚妻结婚。

但在相处的过程中，莱纳斯也爱上了塞布丽娜，两兄弟还为塞布丽娜大打出手。塞布丽娜则误以为莱纳斯对她的感情只是一个阴谋，同时自己的情感走向也超出了她的预料。

迷茫之中，她带着情伤再次逃向了巴黎，而莱纳斯也随之奔她而去……

《龙凤配》其实与奥黛丽因缘颇深。

曾在百老汇工作时，奥黛丽就看过《龙凤配》的舞台剧版本《仙女塞布丽娜》，有几幕剧情深深打动了她，其中女主角的野心与卑微，爱而不得的苦痛，人心与情爱的云谲波诡，都让她感触不已，也促使她去请求派拉蒙方面，买下该剧的电影版权，然后第一次毛遂自荐，想出演女主角塞布丽娜。

几个月后，奥黛丽愿望成真，派拉蒙在观看了《罗马假日》的粗剪版后当即宣布，《仙女塞布丽娜》的版权已成功谈下，电影版将更名为《龙凤配》，交由旗下导演比利·怀尔德执导，并邀请她担纲女主角。

那天，当怀尔德敲开奥黛丽的公寓大门为她送来剧本初样时，她正蜷着腿坐在地板上看书。

天气晴好，洛杉矶比弗利山庄树影婆娑，白云悠然，他们坐在窗边，半小时的交谈轻松而愉悦。

于是奥黛丽也得知，《龙凤配》的电影剧本将由欧内斯特·莱曼操刀改编。至于戏中服装，怀尔德告诉她，她可以去巴黎购置，费用由剧组承担，最重要的是，他相信她的眼光，她完全可以按照自己的感觉为"塞布丽娜"打造衣橱。

临行时，怀尔德打开车门，回头对奥黛丽说："我相信你，我的'塞布丽娜'，在好莱坞的一众演员里，只有你具备制造童话的力量。"

奥黛丽对他爽然一笑："非常感谢，怀尔德先生，我定然全力以赴。"

接着，怀尔德说了一句让全世界杂志相继转载的话："因为我相信，是上帝曾亲吻了一个女孩的脸颊……从而诞生了奥黛丽·赫本。"

如此，几天后，奥黛丽便在巴黎见到了时年 26 岁，身高 1.98 米的法国时装设计师——休伯特·德·纪梵希。

那一日，奥黛丽正在巴黎的街头闲逛，脑海里不断模拟着剧本里的场景，用思维勾勒着契合塞布丽娜的情感曲线的服装……

突然，有位从车上走下的年轻女士吸引了她的目光，那位女士身穿一套深色的连衣裙，没有太多繁赘的装饰，却看起来是那样的精致优雅，充满青春气息，既有成熟女人的风情，又保留着女孩的纯真。

待奥黛丽上前询问后，女士便友好地告诉奥黛丽，她身上的裙子，乃是出自纪梵希的工作室。

但当时纪梵希工作室的全体人员都正在紧锣密鼓地准备一场时装展，没有时间为奥黛丽定制戏服。

"小姐，我非常愿意帮助您，可是您看到了，我的工作室刚刚起步，人手极为有限。我正忙着整理样品服装，恐怕不能现在给您做衣服。"

"那让我看看你的样品服装？"

"当然可以。"

是夜，他们共进晚餐，一直聊到月上中天。

她得知他出生在法国巴黎的西北部，童年在矿山度过，有一位优雅的母亲，他的父亲希望他成为一名律师，但他自己坚持走上了设计师的道路。

她则向他谈起过去的经历，对舞蹈的热爱与怅憾，如何被科莱特夫人发现，又是如何走上大银幕，获得"塞布丽娜"一角……

或许就是在那段谈话，在他湛蓝色眼眸的脉脉氛围中，他们的友情开始了。

翌日，奥黛丽在纪梵希的工作室挑选了三套衣服，为《龙凤配》打造了一个让人难以忘怀的塞布丽娜。

一套是深灰色的羊毛套裙。

风格雅致，冷艳迷人，代表着女主角心路的过渡，从少女转变成女人，从青涩懵懂转化为智慧冷静。

后来在影片中，塞布丽娜正是穿着它从巴黎回到长岛，在车站遇见戴维，让他对自己一见钟情。

一套是非常具有纪梵希风格的"小黑裙"。

船型衣领，细细的腰身，肩膀上不动声色地点缀着蝴蝶结，可谓画龙点睛之笔，在低调高贵的氛围里，添加了一份俏皮可爱。她试穿后很快发现，这种衣领刚好可以扬长避短，遮住她过于瘦弱的锁骨，但又完美地凸显出她那线条柔美的肩部。

不久后，她便穿着它，与两位男主角拍摄了一系列的宣传照，继而让"小黑裙"的魅力风靡全美，流传世界。

另一套是白色的无肩带礼服。

面料薄如蝉翼，上身与裙摆都有精美的刺绣，花朵盛放，蝴蝶翩飞，如置身一片清丽的梦幻花园，而且，如果脱下外面的可拆式拖裙，裙身则会化作东方式的旗袍……

它在瞬间打动了奥黛丽，"我不会试图摘月，我要月亮奔我而来"，这不就是"塞布丽娜"第一次亮相心上人订婚宴会的"战袍"吗？

女人的衣服，可以成为战袍，也可以成为汹涌尘世中的一隅心安。

奥黛丽还记得第一次试穿纪梵希设计的衣服时，她站在镜子面前，欣喜地对他说道："你的衣服，给了我一种奇妙的安全感和自信，让我看起来是那么优雅，那么完美……"

要知道，在此之前，派拉蒙方面还在委婉地要求她垫胸："你要知道，在玛丽莲·梦露和伊丽莎白·泰勒当道之际，你简直是太'特别'了，小男孩似的身材……"

"不，我不会为迎合别人的审美而改变自己的外表——除非做自己，否则我宁可不出演这个角色。"她扬起头，坚定地抗拒道。

尽管如此，却也免不了有些时刻，她会觉得自己的脸太方，鼻孔太大……真是一只丑小鸭。

奥黛丽向纪梵希倾诉了自己的小小困惑，他却不以为然："我只看到了第一个在好莱坞不以性感取胜的女演员。不要忘记了，只有丑小鸭才会变成白天鹅。"

奥黛丽笑起来。

"你要相信你骨子里散发的优雅与完美，好的设计不过是一面灵魂的镜子，你即便披着一个装土豆的麻袋，也会动人心魄。"

奥黛丽看着对面镜子里的女孩，眼睛自信而明亮，遂用《龙凤配》里的一句台词回答他："谢谢你，亲爱的纪梵希先生，我不会试图摘月，我要月亮奔我而来。"

这句台词，也成了奥黛丽的人生箴言，在无数次面对逆境，面临选择的时候，带给她勇气与力量。

在电影中，塞布丽娜通过自我提升争取到了爱情，在电影之外，通过与纪梵希的合作，奥黛丽也找到了一种属于自己的穿衣方式，要优雅出众，也要符合个人的风格——优雅与性感，并不相悖，它们可以存在于一个人的身体内，自然也可以融合在一件服装里。

是的，这是奥黛丽的性感法则，拒绝千篇一律，拒绝迎合和取悦，时代的洪流滚滚向前，唯有个性永不褪色。

"我的风格，由我做主。"

希望，事业与命运，也一样。

多年后的一个冬日，奥黛丽与纪梵希并肩在塞纳河边漫步，谈及三十余年的世事荏苒与彼此的初相遇，纪梵希告诉奥黛丽，在多年前的那个 7 月，他接到助理的电话，说有一位赫本小姐来访，他还以为是凯瑟琳·赫本……

"但是没想到，是你——奥黛丽·赫本，上帝为我送来的缪斯……直到现在，我还记得你当时穿的衣服，一件合体的 T 恤衫，一条紧身裤，一顶红丝带的渔夫式草帽，脚蹬凉拖，俏丽的短发，完全没有大明星的架子，却是那么璀璨夺目，纯洁无瑕，惹人喜爱……就像是从我的设计簿上走下来的女孩。感谢上帝，我从此之后再也不需要凭空想象一个模特来画设计稿，因为你足以代表我理想中的一切。"

他揽住她的肩，眼神温软，笑容里似有十万春风："奥黛丽，我从不怀疑，是你塑造了我的人生，遇见你是我一生的幸运……在我心里，你如此独特，无人可以相比。"

她知道，他说的不是情话，但他的真诚贯穿了数十年的时间，便胜过世间所有的海誓山盟。

1954 年，奥黛丽结婚前夕，纪梵希在百忙之中连夜为她赶制婚纱设计稿，一定要让她成为最美的新娘。

几年后，奥黛丽诞下孩子，他又为小婴儿送来受洗礼服，并许下尘世间最诚挚的祝福。

1956 年，他设计出了职业生涯中的第一支香水，为其取名"禁忌"。

他告诉奥黛丽，在此后的一年里，"禁忌"都将是她的专用香水，因为那支香水的灵感之源，就是她给他的感觉，"浪漫，神秘，高雅，平和，坚韧，温柔……你的形象在这个时代是非常独特的，当一件事物成为禁忌，那么每个人都会强烈地想拥有"。

为了感谢纪梵希的慷慨，奥黛丽为他免费拍摄了广告，而"禁忌"的芬芳，也自此渗透了她的整个生命，庇护她走过每一次的低洼与坦途。

晚年时，奥黛丽成为联合国儿童基金会的亲善大使，远赴非洲，纪梵希不能陪她同去，便专门为她设计了一款蓝色的 T 恤寄给她，附言："但愿你穿上这件衣服，会有被陪伴的感觉。"

后来，奥黛丽身患重病，在美国治疗，不料病情恶化，只想回瑞士过最后一个圣诞节。那时，奥黛丽的身体已经不能适应普通机舱的气压变化，便只能打电话问纪梵希，可否借用一下他的私人飞机。

"当然可以。"他在电话那边哽咽着，深情地对她说，"奥黛丽，你或许不知道，你是我生命中的全部……"

那一刹，历经生死，熬过化疗，都不曾流过一滴眼泪的她，竟拿着话筒，哭得像个孩子。

在飞机上，她写下遗愿，去世后，纪梵希将成为她指定的抬棺人。

不久后的弥留之际，奥黛丽在瑞士打电话给他："你快来，休伯特。"他赶紧跳上飞机，飞向她的身边，陪她走完生命的最后一程。

奥黛丽送给纪梵希一件她的大衣，告诉他，这件大衣有一种神奇的力量，在以后的日子里，如果他感到悲伤，就披上它，就会觉得是奥黛丽在拥抱他一样……

所以，一切的事实都证明，1953 年，奥黛丽第一眼对海德设计稿的感觉，真的值得庆幸终生。

若非如此，她很可能就遇不到她一生中最不可或缺的合作伙伴与珍贵友人，是他为她塑造了银幕上的"赫本风格"，给她的形象赋予了永恒的魅力，也是他让她明白，世间有一种感情，可以超越亲情，友情与爱情的界限，成为心心相印的知己。

奥黛丽相信，在这个世界上，没有任何一位男士，给过她那么长久温情的陪伴，他知晓她的感受，洞悉她的喜好，懂得她的内心，自始至终都愿意珍视她生命中最柔软的部分，并守护着她的坚韧。

他对她的爱，润泽了她几十年的生活，无论是最美的芳华，还是垂垂迟暮，他永远是那个，可以与她的灵魂相依相伴，生死不渝的人。

至于爱情，她相信与事业一样，都需要耐心与契机。与其信因缘，不如信自己。她不是那种习惯主动出击的人，但她同样信奉真爱需要用自身的能力去守护。

15

不被浮名宠坏，是毕生最大的考验

1953 年 8 月，奥黛丽被好莱坞的工作所召唤，只能离开浪漫闲适的巴黎，奔赴下一个忙碌的秋天。

作为《罗马假日》女主角，奥黛丽去参加了首映礼与记者招待会，也再次感受到了美国人民的热情。

在此之前，关于英国皇室公主的一件情事绯闻早已传到了美国——伊丽莎白二世的妹妹玛格丽特公主曾爱上一名空军，后遇到皇室的坚决阻挠。为了避开媒体的视线，皇室苦心安排这对恋人天各一方，而悬殊的地位也注定他们之间只能拥有一段充满遗憾的爱情。

于是，在《罗马假日》上映之前，便有媒体纷纷臆测，影片中公主与平民的爱情故事是在影射玛格丽特公主，更有一些专栏作者对银幕上下的两段情事进行了极富浪漫的渲染，那些虚虚实实的情节，不禁让无缘得见白金汉宫皇家秘闻的观众好奇不已，那么观看《罗马假日》，无疑是一条让大家满足想象的绝佳秘径。

影片上映后，美国的影评人则给了奥黛丽最大的认可与鼓励：

"在奥黛丽·赫本之前，我们从未见过这样的银幕佳人，她的出现，是电影界的一大惊喜。"

"在《罗马假日》中，再也没有任何人能够遮蔽奥黛丽·赫本的光芒，她清新脱俗的演技，宛若天使的容颜，征服了所有人。"

……

如此，大约过了一周的时间，奥黛丽又以一套"安妮公主"的装束恰到好处地登上了《时代周刊》的封面。

"奥黛丽·赫本，派拉蒙的新星，一颗熠熠生辉的美钻……她身材苗条，眼睛清澈明亮，将高贵与顽皮巧妙融合于一身，美丽的脸庞，灵动的青春气息，她独特的魅力让人过目不忘……"

这段封面题词与影片的众多影评交汇在一起，很快在全美引起了轰动，并让票房一路飞升。

最好的宣传，占尽天时地利人和，《罗马假日》成功了。

当然，在《时代周刊》的一篇文章里，好心的记者也没有忘记给奥黛丽接下来的新片做广告：

"我们已经在翘首期盼她的下一部影片《龙凤配》，毕竟导演比利·怀尔德有言：'自嘉宝之后，除了英格丽·褒曼，奥黛丽·赫本的灵气无人能及。'"

1957 年，华纳影业决定投资拍摄《修女传》，最初邀请的女主角就是英格丽·褒曼，但褒曼以自己年龄偏大为由婉拒，转而向华纳力荐奥黛丽出演。她提及了四年前在意大利观看《罗马假日》的情景，声称当时被奥黛丽的表演深深感动，在安妮公主与记者乔诀别的那一刻哭得难以自抑……

她说："奥黛丽·赫本绝对是我见过的灵魂最纯净的女演员，自然是《修女传》女主角的不二人选。"

那时，得知被自己仰慕的女演员推荐，奥黛丽立即给褒曼写信，表达她的谢意与感激：

"我是《卡萨布兰卡》的忠实影迷，您一直是我的榜样。"

纵观褒曼的星路，她同样是从百老汇舞台走向大银幕的演员，而现在，奥黛丽接下来即将参演的《龙凤配》，其中的一位男主角，也就是饰演长岛庄园主大儿子"莱纳斯"的演员，正是与褒曼合作《卡萨布兰卡》的亨弗莱·鲍嘉。

"世上有那么多的城镇，城镇有那么多的酒馆，她却走进了我的。""她是到访过卡萨布兰卡的最美丽的女子。"……鲍嘉深情温柔的情话，褒曼哀怨迷离的眼神，都曾让奥黛丽迷恋又心碎。

在那部影片中，鲍嘉饰演一位表面玩世不恭，实则睿智多情的酒馆老板里克，与旧情人伊尔莎在卡萨布兰卡重逢，他们之间的爱情忧伤入骨，荡气回肠，却无奈身处战火与乱世，处处身不由己，形同渺小的飘萍。在感情与政治的两难中，最后里克还是选择了牺牲自己的幸福，让恋人奔赴自由——在机场，他与她诀别，眼睛里的痛与爱凝固了时间，心碎如冰裂："永志不忘，小姑娘。"

因此，得知鲍嘉加盟，以及对《卡萨布兰卡》的喜爱，不禁让奥黛丽对新片的拍摄多了一重奇妙的期待。

可惜事实与期待相去甚远，而想象与现实也果然是云泥有别，就像枝头的花朵，突然被碾作尘泥，溅了一身还满。

是年 10 月，《龙凤配》正式开拍，摄制地点就在纽约东南部的长岛。

奥黛丽在那里租下了一间朴素的小公寓，推开窗子就可以看到纷飞的海鸥与渔船，闲暇的时候，还可以静下心来聆听音乐，背诵剧本，希望幽静的环境可以助她一臂之力，让她全身心地投入拍摄。

只是几年后，奥黛丽与怀尔德再合作，回忆起昔日拍摄《龙凤配》的时光，都不约而同地感慨万千。怀尔德称其是"一段鸡飞狗跳的日子""往事不堪回首"，而奥黛丽也算是在之前仅有耳闻的"好莱坞恩怨"的深水中冷暖自知，尝尽苦辣酸甜。

首先，因为剧情反复修改，演员们经常在临拍前才能拿到脚本，加之时间紧迫，大家都被折磨得筋疲力尽。

然后是鲍嘉的态度，他是剧组最大牌的明星，但不知为何，他总是非常不耐烦，脾气火爆，言语恶劣，从导演到助理，所有剧组成员在他面前都已谨言慎行，但还是一不小心就会成为他的攻击对象。

后来，便有人猜测，或许是因为怀尔德没有按照他的要求，将奥黛丽换成他的妻子出演塞布丽娜一角，而且，他也并不是怀尔德的第一选择——有一个巧合就是，与《罗马假日》一样，费勒与怀尔德最初邀请的男主角都是加里·格兰特，也都被格兰特以年纪太大为由婉拒。不同的是，费勒另请了派克，成就了戏里戏外都非常美好的《罗马假日》；怀尔德则退而求其次，选择了鲍嘉，从而让《龙凤配》的拍摄过程，蒙上了一层不愉快的阴影。

奥黛丽记得有一次，她说错了一行对话脚本，立刻被鲍嘉狠狠挖苦了一顿，她向他道歉之后，他依旧唾沫横飞地大声抱怨。奥黛丽的服装助理则见势给她递来一块毛巾，怎料那个举动彻底将鲍嘉激怒了，他开始谩骂助理，羞辱怀尔德，并攻击怀尔德的出身……空气中弥漫着浓重的火药味，大家都苦不堪言。

尽管如此，怀尔德还是会选择顾全大局，很多时候，他都只能装作没有听见。

是的，无论剧组多么忙碌，拍摄计划多么迫在眉睫，鲍嘉都不会放弃自己每天下午6点的"威士忌时间"去将就任何人。

大约是开拍半个月后的一天，怀尔德红着眼睛去找奥黛丽，请求奥黛丽帮他一个忙："剧本进度已经严重落后了……而且，我今天必须补上鲍嘉的一段戏份，要不然你知道的，肯定要'天下大乱'。"

奥黛丽便只能假装自己生病了，给怀尔德争取一点可怜的时间："我头痛欲裂，急需休息半天，真是抱歉……"

相比鲍嘉的乖张暴烈，在戏中饰演弟弟"戴维"的演员威廉·霍尔登要善解人意得多。

霍尔登比奥黛丽大 11 岁，时年 35 岁的他已经是好莱坞的著名演员，提名过奥斯卡最佳男主角，事业正如日中天。他身上带着七分成熟男士的魅力，也保留着三分少年的炽热与单纯，初见面时，奥黛丽对他英俊的外表与温和的个性都颇有好感。

开工不久后，霍尔登就开始追求奥黛丽，他送给奥黛丽清晨的野花、黄昏的贝壳，在月光下的沙滩上写下她的名字，与她一起在长岛葡萄酒的香甜中畅谈音乐与文学……

不可否认，在那样紧张的工作之余，他体贴入微的陪伴，抚慰了她的心灵，也让她再一次为异性而萌动情愫。

他们相恋了。

霍尔登曾说，奥黛丽是他心目中最理想的结婚对象，也是他想宠爱一辈子的女人。然而很遗憾，他轻佻的本性很快便显露了出来，就在他们表演最后一场对手戏的那一天，他无意中向奥黛丽透露，早年间，为了免去在外处处留情的"后顾之忧"，他已经做了绝育手术。

奥黛丽讶异极了，看着他云淡风轻的表情，才终于发觉，她想与他结婚，为他生许多孩子的想法，就是一个彻头彻尾的笑话。

"请原谅，我无法接受这样的事实。"她当场提出了分手。

而让她更加惊诧，又觉得可悲的是，他居然拉着她的手，用平时说惯了山盟海誓的声音对她说："如果你不肯嫁给我，我一定在每个国家都找一个情人，以安抚我受伤的心。"

"抱歉，从此之后，你的事情皆与我无关。"奥黛丽心里没来由地一阵翻腾，随即挣脱他的手，转身离去。

两天后，随着《龙凤配》的杀青，奥黛丽与霍尔登之间短暂的长岛恋情，也正式画上了一个并不完满的句号。

不久后，奥黛丽邀请纪梵希来派拉蒙参加《龙凤配》的试映会，影片结束时，大家的掌声让奥黛丽好不容易松了一口气，但当片尾出现"服装设计——伊迪丝·海德"时，她还是大吃了一惊，继而尴尬不已。

天知道，海德仅设计了一套戏服，那几套被观众誉为经典的服装，全部都是出自纪梵希之手。

奥黛丽强忍着羞愤，真诚地向纪梵希道歉："休伯特，对不起……"

纪梵希却温柔地说道："能为你设计服装，我已经很满足了，你要知道，来日方长，你才是最重要的。"

更讽刺的是，后来《龙凤配》获得六项奥斯卡提名，唯一获奖的正是最佳戏服设计奖。而海德上台领取奥斯卡奖杯时，依旧只字不提纪梵希。

在往后的演艺生涯中，奥黛丽再也没有与海德合作过。

从《龙凤配》之后，奥黛丽要求在所有的出演合同中标明，片尾字幕应该打上由她提供的设计师的名字。

于是，世间关于纪梵希与赫本的合作佳话，便自此拉开了序幕。

是年冬，奥黛丽回到洛杉矶的公寓，只觉身心都被深深的倦意裹挟。

当时《罗马假日》依旧热度不减，每天都会有媒体记者和狗仔蹲守在比弗利山庄的门外，希望可以采访她，或者捕捉她的情感八卦。

她知道，她的任何一张照片，任何一番言辞，都可以成为媒体竞相报道的头条……

而无论是在英国、美国，还是意大利，每天也都会有年轻的女孩子，模仿着"安妮公主"的装扮与言行，对理发师说："请给她剪一个'赫本头'。"

是的，她成名了，她的内心却经受着一种前所未有的考验。

不久后，奥黛丽又获得了《电影日报》评选的年度最佳女演员，在公司的安排下，她接受了《生活》杂志的专访。

当他们问及奥黛丽对成名与演艺之路的看法，以及对爱情方面的态度时，她如此坦承道：

"我希望自己可以用旁观者的心态来看待我所获得的一切赞誉，客观地了解自己的价值和对公司所做的贡献。在舞台剧《金粉世界》公演的十六个月里，我依旧在不断地学习，一直到公演最后一夜，我的心情都紧张得犹如第一夜。《罗马假日》对我而言，又是一个挑战，我必须在镜头、灯光、喧闹和忐忑中拿出最好的表现……因为退缩与抱怨都是没有用的，我宁愿死去也不会怨天尤人，但机会并不会如影相随，所以当它们到来时，你最好努力抓住它们。"

的确，似乎在一夕之间，奥黛丽成了举世瞩目的女孩，但自始至终，她都认为自己不过是宣传造就的明星。要做到如何不被浮名宠坏，她也认为是她毕生最大的功课。

每次当她静下心来，她就会发现，自己真正想要获得的，并非是成名的愉悦与成功的满足，而是可以在演艺事业上取得真正的成就。

这个成就，不仅需要观众的认可，更需要她自己内心的肯定。

且让时间为她见证。

至于爱情，奥黛丽相信与事业一样，都需要耐心与契机。

与其信因缘，不如信自己。

她不是那种习惯主动出击的人，但她同样信奉真爱需要用自身的能力去守护。

就像塞布丽娜，她是一个生活在童话世界里的幻想家，一个浪漫主义者，但她同时也是一个坚韧的行动派。

而只有自己足够美好的时候，才有底气像塞布丽娜一样，说出那句——我不会试图摘月，我要月亮奔我而来。

她无法抑制自己的心，随着他的声音与眼神，而微微发紧，发烫，浸出甜蜜的汁液，仿佛夏日的潮水漫上了沙滩，将一枚孤单的贝壳温柔地覆盖，托起，然后将它送回海洋深处的安然。

16

"为什么奥黛丽·赫本会恋上梅尔·费勒？"

暮年时，闭目重温昔日路，她再想起他的脸，竟恍如隔世。

他曾给予她尘世间最美妙的记忆、最甜蜜的激情，也曾让她尝尽心如刀割、痛不欲生的滋味。

他是梅尔·费勒，兼具古巴和爱尔兰血统的美国作家、导演、演员，奥黛丽·赫本的第一任丈夫。

1953年冬，洛杉矶满城风雨。

是时，奥黛丽是派拉蒙最当红的新星，媒体的溢美之词层出不穷："她的美是上帝的杰作；她是落入凡间的天使；奥黛丽·赫本，数百上千年也出不了一个。"

但无论外界如何评价，她认为自己依旧是那个可以穿着男士衬衫、斗牛士裤子、一根带子的鞋，骑着自行车出入好莱坞的姑娘。

在她的内心深处，也一直住着一个小女孩，每当黄昏临近，风雨欲来，她都会抱着膝盖坐在壁炉边，侧耳聆听父亲归来的脚步声。她有清香的灵魂，有一切的美好，也有世间不为人知的无助与孤独。

是时，他从远方赶来，披星戴月，日夜兼程，只为奔赴她的身边，履行曾经许下的一个"约定"。

几个月前，在伦敦，奥黛丽与梅尔有过一面之缘。

当时，在埃拉为派拉蒙同人举办的招待会上，派克作为他们共同的朋友，特意过来引见：

"梅尔·费勒，我的好朋友，一位富有传奇色彩的魅力男士。"

"奥黛丽·赫本，我的搭档，一颗最闪耀的星星。"

梅尔身形与派克有几分相似，相貌温文儒雅，声线醇厚清润，整个人神采奕奕，看起来颇有舞台剧男主角的贵气。

梅尔看着奥黛丽的眼睛，目光炽烈："久闻其名，赫本小姐。"

"谢谢费勒先生，我看过您主演的《孤凤奇缘》，非常精彩。"

与众多宾客一样，他也称赞了她在《罗马假日》中的表演，但他又告诉她，相比"安妮公主"，他更欣赏她在《金粉世界》里饰演的"琪琪"，所以，他尤为期待她在舞台剧方面有更多可能的表现。

"我想，你会需要一个比'琪琪'更诗意的角色。"他恳切地说，"如果有一天，我找到了合适的剧本，你愿意做我的女主角吗？"

"荣幸之至。"

于是，时隔数月，梅尔便手捧《翁蒂娜》的剧本，站在了奥黛丽的门外。

而奥黛丽也终于有机会好好倾听一下派克曾提及的梅尔身上的"传奇色彩"。

1917 年 8 月，梅尔出生在新泽西州。

他的父亲是一名古巴裔外科医生，在纽约执业多年，医术远近闻名。他的母亲来自爱尔兰——在诗人的笔下，那里是一片由风笛吹奏出来的土地，她性情婉约，举止高雅，是一位美丽的社交名媛。

梅尔从小博览群书，志向远大，骨子里继承了父亲的勇气与雄心，也遗传了母亲的浪漫与优雅。他曾在普林斯顿大学就读深造，取得过优异的成绩，不到 20 岁，便完成了人生中的第一部作品《提多的帽子》，出版上市后，引起了强烈的反响。

后来，他开始在好莱坞的一些电影中饰演角色，同时在德州担任电台主持人，向听众展示他通晓六国语言的才华与魅力。

1945 年，他又成了哥伦比亚影业旗下的导演，继而在百老汇发展，其中由他执导的《奇异果实》与《大鼻子情圣》都成了口碑之作。

两年后，他重返好莱坞，与派克等朋友合伙成立了一家影视公司，并在米高梅公司制作的《孤凤奇缘》中出演男主角，演技广受好评。

只是，当他的人生经历如书本一般摊开在奥黛丽的面前，真正打动她的情节，却不是他绚烂夺目的才华，而是他对生命的热爱，以及内心强大的意志力。

他曾在 20 岁那年不幸患上了小儿麻痹症，身体半瘫痪，但他最后凭借超越常人的毅力，通过数年如一日的艰苦训练，逐渐让四肢恢复了活力。就连他的主治医生都说，他为自己的生命创造了一个奇迹。

而那个战胜疾病的过程，也在很大程度上影响了他对人生的态度。

他形容自己就像是一个劫后余生的人，只希望在有生之年，尽情尽兴，倾其所有，去过自己喜欢的生活，做自己喜欢的事，爱自己喜欢的人。

他曾与两个女人有过三段婚姻。

1937 年，初涉影坛的雕刻家弗朗西斯·皮尔查成为他的第一任妻子，并为他生下两个孩子。数年后，他与弗朗西斯离婚，再娶芭芭拉·崔普为妻，与芭芭拉也生下了两个孩子。又是几年，他的第二段婚姻再次破裂。于是，他又选择了与弗朗西斯复婚。

但他告诉奥黛丽，就在来洛杉矶之前，他已经与弗朗西斯做了沟通，坦承自己已经爱上了一位美好的姑娘，并强烈地渴望与她一起为余生的演艺事业与个人幸福而奋斗。

弗朗西斯则大方地为他祝福，同时签下了离婚协议书。

他对她说："自从遇见你以后，我就对咱们的合作充满了期待，而这样的期待，让每一个平凡的日子都熠熠生辉。"

他与她谈论剧本，热情恣意，文采飞扬，眼中的雄心壮志如灼灼烈火，似要将人融化。

接下来，他又向她描绘了他所畅想的未来——

如果可以的话，他想邀请她合作更多的作品，就像舞台剧界有名的夫妻档艾佛·列德伦特与林恩·芳丹，以及劳伦斯·奥利佛与费雯·丽一样，高山流水，琴瑟和鸣，在百老汇的舞台上成就一段令人称羡的传奇与佳话。

她不知道，那算不算是一种爱情的表白？

但她明显地感觉到，她无法抑制自己的心，随着他的声音与眼神，而微微发紧，发烫，浸出甜蜜的汁液……

又仿佛是夏日的潮水漫上了沙滩，将一枚孤单的贝壳温柔地覆盖，托起，然后将它送回海洋深处的安然。

也不知是被剧本感动了，还是被梅尔所打动，奥黛丽第二天便告诉梅尔，她愿意做他的女主角，与他一起排演《翁蒂娜》。

1954年1月，他们抵达纽约，为《翁蒂娜》做准备。

记得排演的前一天，他们去城外散步，在空旷无人的公路边，他牵着她的手，一路慢悠悠地走着，四野清寂无人，仿佛时间失去了棱角与波澜。

起风的时候，他便小心翼翼地将她裹在他的大衣里，像对待一件珍贵的瓷器，不禁让她有了与子终老的念头。

她很明白，她对待爱的方式，并非似炙热的岩浆，或者如汹涌的海浪，她更喜欢静水流深，一点一滴渗透时间与生命的那个过程。

而在他的怀抱里，她也感受到了从未有过的爱意与迷恋，以及期待多年的暖意与安宁，缓缓注入她的胸腔。

就是在那一刻，她深深爱上他。

很快，关于他们相恋的新闻就被登上了报纸头条，且标题醒目："为什么奥黛丽·赫本会恋上梅尔·费勒？"

或许在旁人看来，梅尔与奥黛丽并不般配，他比她大12岁，且有过数段婚史，事业也算不上辉煌……

但她并不介意。

因为她从不想通过对方的身外之物去交换和索取什么。

在她看来，他高大俊朗，成熟稳重，睿智勇敢……这些珍贵的品质，加上爱她的赤诚，已然符合了她对恋人的全部想象。

至于婚史方面，她想只要每一次的爱都是出自真心，无拖泥带水，无欺骗纠缠，无关道德，就没有必要去过多苛责。

毕竟如他，如她，如世间许许多多的痴男怨女，都很难会拥有那样的幸运——人生中最初爱上的人，刚好是最后爱上，又得以共度一生的那一个。

17

奥斯卡奖杯，新娘的花冠

1954 年 2 月 18 日，舞台剧《翁蒂娜》正式登陆百老汇，为观众讲述一个浪漫又哀伤的故事：

很久很久以前，来自海洋的美人鱼精灵翁蒂娜与人间的骑士相爱，度过了一段非常美好的时光。但骑士抵挡不住诱惑，很快移情别恋，即将迎娶他人。翁蒂娜伤心之下先是回到亲人的身边，又假装与旁人相爱，以此报复情人——骑士果然因对方违背爱情的誓言而死去，翁蒂娜则将一颗破碎的心葬在水波深处，连同记忆一起，永远尘封大海。

在剧中，奥黛丽饰演美人鱼"翁蒂娜"，与梅尔饰演的"骑士"在海边相遇，然后为他尝尽人间的七情六欲，悲欢离合，爱恨痴嗔。

当恋人死去后，她的心也跟着死去——只是，每当天空流泪的时候，那些爱的记忆才会化作海上的虹光，与古老的传说，遥遥相望。

为了贴合故事的海洋氛围，以及凸显出美人鱼的野性气息，奥黛丽第一次在舞台上颠覆了形象，用染发剂改变发色，满头亮粉，身披渔网和海草，几乎全裸出镜。

而之前排演了无数遍的场景，却依旧让奥黛丽满心不安，她非常害怕台词或动作有所纰漏——因为相对来说，舞台剧表演比电影表演承受的心理压力要大得多，电影一个镜头没有表现好尚可修正，但现场表演不会给任何人重来一遍的机会。

好在演出一切顺利，奥黛丽发挥正常，谢幕时，满堂喝彩经久不息，一浪又一浪的掌声向舞台涌来，她才如释重负，松了一口气——《翁蒂娜》的首演，终于是获得了完满成功……

在接下来的日子里，《翁蒂娜》每周演出八场，皆是座无虚席，场场爆满。

一周后，《时代周刊》的一位评论员写道："奥黛丽为这部戏带来不一样的生机，她是舞台上的精灵，一举一动，一颦一笑，都形同神话里的诗句。"

《纽约时报》的好评也接踵而至："翁蒂娜这个角色非常复杂，她在人类世界经历诸多考验，有很多难以捉摸的内心戏和情绪，赫本小姐用自己的剧场语言将其表达出来，毫无矫揉造作之感，差点让人相信翁蒂娜就是演员本身，真是难能可贵。"

但到了 3 月中旬的时候，奥黛丽已经明显体力不支，一天在后台卸妆，闭上眼睛，突然就感觉天旋地转，随即昏倒在地。

的确，她太累了。

工作的劳累，加上心理的压力，都让她心力交瘁，形神俱损。她就像谚语里那只负重的骆驼，一根稻草的力量也可以将她压垮。

3 月 25 日，奥黛丽接到经纪人库尔特·弗林斯的电话，说她极有可能会以"安妮公主"一角获得奥斯卡奖杯。

于是，当天晚上《翁蒂娜》一谢幕，奥黛丽来不及卸妆就匆匆坐车奔赴世纪剧院，那里是第 26 届奥斯卡颁奖晚会的纽约分会场，当时正在直播洛杉矶雷电华潘太及斯剧院主会场的电视画面。

奥黛丽走入观众席，坐在母亲身边，屏气敛息等待着，紧张得咬住了手指。直到主持人大声念出"最佳女主角的获得者就是奥黛丽·赫本"，所有的目光与掌声都向她聚焦过来的时候，她才站起身来，被巨大的眩晕感所包围，提起裙边一路跑向领奖台。

而坚强了半辈子的埃拉，在那一刻也激动得热泪盈眶。

在台上，奥黛丽接过奥斯卡奖杯，把"小金人"贴在脸颊上，压制住内心的战栗，开始向观众席致辞——

"我想感谢在过去的岁月中引导我，并给予我莫大帮助的人们，我真的感到荣幸，并且倍感喜悦，我会永远记得，自己的梦想与责任，为做一名真正伟大的女演员而坚持不懈……"

她很明白，奖杯就像一顶沉重的皇冠，你戴上了它，就必须承受它的重量，承担它赋予的职责。

那个时候的奥黛丽，自然想不到，她还获得了英国电影电视艺术学院颁发的最佳女演员奖和美国的金球奖。

而继领取奥斯卡奖杯的第三天后，幸运再次降临在她身上，她又以"翁蒂娜"一角获得了最佳戏剧女演员的托尼奖杯。

托尼奖是戏剧的最高奖项，被无数百老汇演员视为演艺事业的顶级荣誉，与电影奥斯卡奖、音乐格莱美奖及电视艾美奖并称美国艺术界四大顶级奖项。

她捧起奖杯，欢喜之余也感慨不已，如果不是梅尔的眼光与执着，她在戏剧的舞台上就不可能再圆梦一场。

于是，面对全世界，她忍不住说出了那句委婉的告白："我能获得这个奖项，首先要感谢的人，就是亲爱的梅尔·费勒先生。"

一时舆论哗然。

记者们将他们一起出入酒店的照片联系在一起，一边直言他们"不般配"，另一边又猜测他们是不是会喜结连理。

奥黛丽曾在记者问及"何时公布婚讯"时，转向窗外虚弱一笑，"那要问中央公园的那群马"，可怜的梅尔便成了记者笔下"赫本小姐那板着马脸的男朋友"（梅尔对待记者通常态度严肃，且脸略长）。

当有记者打听到梅尔曾与《翁蒂娜》的导演有过不同的意见，

而奥黛丽对梅尔的意见表示过支持时，梅尔又成了一个"斯文加利式的家伙"（在乔治·杜·莫里耶的小说中，匈牙利音乐家斯文加利用邪恶的催眠术控制了他的恋人特利比，让特利比变成他的傀儡，对他言听计从）。

更有人说梅尔是《翁蒂娜》舞台上最大的败笔，与奥黛丽恋爱也是为了借助对方的名气拓宽他的星路……

诸如此类，捕风捉影，添油加醋，甚至火上浇油……唉，奥黛丽早已厌倦。

然而，奥黛丽可以对漫天舆论充耳不闻，却不能对一个人的意见无动于衷。

没错，奥黛丽的母亲，她不喜欢梅尔。

梅尔已经向奥黛丽求婚，而且他非常执着，声称他的新娘非对方不可。

奥黛丽一直没有答复。

一方面是因为她考虑到她的事业可能会影响婚姻的和谐，当时弗林斯每天都要忙着为她推掉邀约，自获得奥斯卡奖与托尼奖以来，她的工作日程已经爆满，她只能表明，除了慈善方面的活动她一概不接。

另一方面，在埃拉眼里，梅尔身上让奥黛丽着迷的绅士风度，勇士精神，以及成熟男士的魅力，都像了多年前与她一见钟情并执意下嫁的那个人，然后就会触及她心上的那根刺，让记忆产生伤筋动骨的痛。

"你不能跟梅尔结婚，奥黛丽，一个有过三次婚姻，孕育过四个孩子的中年男人，你选择他做你的丈夫，定要万千慎重……你不要忘记，我和你父亲的婚姻，就是一场彻底的悲剧。"

"我没有忘，母亲，但梅尔到底不是父亲，我也不是你。"

"好，奥黛丽，你既然一意孤行，我唇舌费尽也是枉然。"埃拉叹息一声，终是拂袖而去，临走时，她拒绝奥黛丽去送她，只留下一句，"如果你答应了他的求婚，那么就别邀请我去参加你们的婚礼。"

母亲的话，噎得奥黛丽喉咙生疼，心里也一阵绞痛，像被抽空了力气一样，站在门口，望着那个远去的背影，半天说不出话来。

二十余年以来，她第一次没有听从母亲的意见。

她不知道她做得对不对，但她知道，从相恋到求婚的这几个月，正是母亲口中那个"有过三次婚姻，孕育过四个孩子的中年男人"，在利用他的一切资源与人脉，帮她四处寻找父亲。

是年 6 月，《翁蒂娜》闭幕前夕，奥黛丽的脸色越来越苍白，烟瘾也越来越大，咳嗽加剧，消瘦，失眠，厌食，身体迅速消瘦，每天服下一堆药片，随时都可能倒下。

但半年以来，无论身体有何不适，她都会坚持《翁蒂娜》的演出，从未缺席过一场。如此，她也为之付出了沉重的代价，健康和心理都受到了严重的损伤。

所以，《翁蒂娜》闭幕之后，有生之年，奥黛丽都没有再参演舞台剧。

7月初，在医生的建议下，梅尔陪奥黛丽离开纽约，到瑞士疗养身体。

远离了好莱坞的灯光与喧嚣，也卸下了明星的光环，在美丽的卢塞恩湖畔，奥黛丽呼吸着大自然的清新空气，听着白鹭飞过湖面的声音，心情与身体都慢慢好起来。

到了月底时，梅尔到意大利拍戏，奥黛丽一个人住在山顶酒店里，终于找到了久违的宁静与快乐。

她最喜欢的，就是推开窗户，看到阿尔卑斯山脉的皑皑白雪，一如童年记忆里，眼眸上闪耀的水晶吊灯的光芒，那么温暖，那么亲切。

在倾诉相思的电话里，她告诉梅尔，她希望可以在此度过余生。

而梅尔说：“我希望可以与你一起度过余生。”

于是，在不久后的8月，梅尔37岁生日前夕，奥黛丽送给他一块铂金手表，并特意令人在表盖上刻了一句歌词：“致——我的爱，我心中的男孩。”

她答应了他的求婚。

1954年9月25日，《龙凤配》首映，整个纽约一票难求。

因为这一天，所有媒体都在报道，《龙凤配》的女主角，新晋奥斯卡影后，奥黛丽·赫本在瑞士，成了梅尔·费勒的新娘。

是的，她从儿时就梦想的那一刻终于来到，在瑞士的山间教堂里，他们举行了一场私密的小型婚礼。

但他们已经登记结婚一事还是走漏了风声，婚礼当天，他们请了一队瑞士警察维持现场秩序，才勉强将远道而来的潜伏在灌木丛或树上的记者们挡在了百米之外。

是时，奥黛丽头戴白玫瑰编织的花冠，身穿纪梵希的白色婚纱，头顶花瓣纷飞，牵着新郎的手走在雨雾蒙蒙的山道上，一切都美得令人窒息。

是夜，他们在山顶的小木屋里享受新婚的甜蜜，卢塞恩湖的水波映照着月色，山风过耳，如情人的呢喃。

水底月是天上月，眼前人是心上人。

如果能得到母亲的祝福，那么一切将是完满。

但人生总会有些遗憾，奥黛丽相信，终有一天，时间会抚平她与母亲之间的隔阂，就像时间会漫过她们的生活，最终流向命运的汪洋。

而命运的汪洋总免不了有惊涛骇浪的时刻，她只希望，她选择牵手终老一生的人，不仅可以与她一起欣赏风景，享受岁月的静好，也可以陪她一起经历风浪，承受命运的磨难。

PART 4

流金岁月

漂亮得不像实力派

我在灵魂的土地上，努力耕耘，播下种子，只为收获一个更美好的自己。

——奥黛丽·赫本

她心神涣散，腹中空空，她那亲爱的宝贝，尚未来到世间，就已离她而去。

18

一个高雅的灵魂和一颗百折不挠的心

新婚后，因为梅尔工作的关系，他们在瑞士仅待了三天就匆匆前往意大利，避居于罗马南部的安齐奥小镇。

在那里，他们度过了情深意浓的蜜月，以及婚姻生活中最为静好的一段时光。

他们在安齐奥的郊区租下了一栋别墅，养了许多小动物，比如一对鸽子、一头小毛驴、六只小猫，以及两只小狗。别墅后面有一大片葡萄园和菜园，可以源源不断地为他们厨房的意大利菜看提供原料。不远处则是大海，风里有咸湿的海藻的气息，掠过眉黛一般的岛屿轮廓，微微起伏的海平面，银白色的沙滩，轻轻拂上面颊，又倏尔散去。

许多个秋光明媚的清晨，奥黛丽就坐在院子里翻看剧本，身边放着刚采摘的葡萄和蔬菜，小动物们在一边追逐打闹，时间分分秒秒过去，就像被镀上了一层柔软的金边，带给内心流年永固的温存。

1955 年 2 月，奥黛丽发现自己怀孕了，这无疑是上天赐给她的最好的新婚礼物，就连同月她以《龙凤配》中"塞布丽娜"一角获得奥斯卡最佳女主角提名也远不及那一刻的欢喜，让她激动得彻夜未眠。

没有人知道，从儿时开始，她就多么渴望付出爱，在父母争吵的时候，她与森林里的小松鼠交朋友，她喂养它们，用手指安抚它们，用温暖的目光注视它们，从而获得心灵的慰藉、满足感，以及天生的母性愉悦。

如今，就有一个小生命，安静地在她的体内落脚，像一枚爱的果核，在身体的土壤里吐出芽孢……而她的手掌只要轻抚腹部，仿佛就能隔着皮肤感受他的存在，她一俯首，目光就会自然地充满依恋、爱怜，无限温柔。

从结婚到怀孕，奥黛丽给自己请了一个长假，她的经纪人弗林斯却依旧兢兢业业地坐镇好莱坞为她甄选剧本。所以，基本上过一段时间就会有新的剧本寄到安齐奥，其中就包括"圣女贞德"的角色，她因为不想与梅尔分离而拒绝。

是年3月，影片《战争与和平》的女主角邀约送至奥黛丽的手中。

该片改编自俄国作家列夫·尼古拉耶维奇·托尔斯泰的同名巨著，由美国导演金·维多执导，派拉蒙投资六百万美元制作，仅临时演员就招募了一万五千名，另外还有战马八千多匹，大炮近三千管，片中每名士兵都有量身定制的军装……旨在还原小说中的战争场面与奢华场景，打造一部"让所有作品相形见绌的史诗级好莱坞大片"。

制片方希望奥黛丽能出演贵族小姐娜塔莎，电影将以拿破仑挥军进攻俄国为背景，然后通过娜塔莎的成长与爱情，找到时代的细微切口，呈现一个民族的爱恨、灵魂与命运——在剧情中，娜塔莎曾有与人一见钟情的纯真芳华，也曾受人蒙骗，背叛初恋，差点与其私奔，后来经历生死离别以及心灵的洗礼，终于等到了战争结束，爱情也随之尘埃落定。

深谙奥黛丽心意的弗林斯帮她谈到了一个完全在她意料之外的极为优越的条件：工作十二周，片酬三十五万美元；每日享有五百美元的生活津贴；如果拍摄延期，片酬另算；有专车与司机二十四小时待命……最重要的是，她将享有聘请该片编剧、演员、化妆师、灯光师，以及戏服设计师的决策权。

为了避免与梅尔品尝两地分离之苦，奥黛丽很快为丈夫争取到了安德烈公爵一角，一个骁勇善战且满怀激情的军官，继《翁蒂娜》之后，他将再次与奥黛丽出演戏中情侣，同时还可以获得十万美元的报酬。

　　这也预示着，在比较长的一段时间里，这对夫妻都不必为生活经费担忧。而且，奥黛丽还可以聘请一位公关师来打理她的宣传工作，包括安排访问、采访，还有出席各种各样的活动。就这样，美国人亨利·罗杰斯来到了她的身边，不久后，他便成了她工作上的得力助手，以及她的生活密友，一个可以随时随地倾诉心事的人。

　　至于另一位男主角——安德烈公爵的挚友皮埃尔公爵，也是娜塔莎最后与之携手的爱人，奥黛丽第一时间想到的便是皮特·乌斯蒂诺夫，他曾在《暴君焚城录》中有过出色的表演，应该可以将皮埃尔的理智与智慧完美地演绎出来。但制片人并不同意，直言皮特名气甚微，所以弗林斯为奥黛丽争取的权利也不能"让票房冒险"。然后她再推荐格里高利·派克，他智慧、善良，爱好和平，可以说是皮埃尔精神的最佳代言人。遗憾的是，派克没有档期。于是，她做出退步，接受由制片方推荐的另一位好莱坞演员亨利·方达饰演皮埃尔公爵。

　　几位主演已逐步确定，那么如果一切顺利，奥黛丽将会在分娩之后入组拍摄。然而随后发生的一件事，不仅让原计划发生了改变，更是一个沉重的打击，让奥黛丽不得不尽快投入工作，以调解无比痛苦的身心。

那一天，与往常一样，奥黛丽在园子里采摘蔬菜，准备制作晚餐，腹部突然疼痛难忍……她大声呼救，让仆人去请医生，但医生赶到的时候，她已经流产了。

幸而埃拉在接到梅尔的求助后，不远万里来到了女儿的身边，在她最脆弱无助的时候，向她打开了怀抱。时隔经年，她到底还是原谅了女儿当初的选择，因为对女儿的爱。

在母亲面前，奥黛丽无比愧痛，哭得泣不成声。

而奥黛丽也愈发理解母亲，理解一个女人对孩子的爱，是无师自通的本能——躺在床上等待身体复原的那段日子，简直就是地狱般的黑暗，她整日以泪洗面，尝尽锥心之痛，迟迟无法正视失去孩子的事实——心神涣散，腹中空空，她那亲爱的宝贝，他尚未来到世间，就已离她而去……

1955 年 4 月，奥黛丽开始为出演《战争与和平》做准备。

首先，为了还原娜塔莎的马上英姿，奥黛丽必须克服恐惧，学会熟稔的骑马技艺——在托尔斯泰的小说中，娜塔莎年轻漂亮，充满活力，是一个可以优雅地骑在马背上的女孩。不过时隔多年，当初在战火纷飞的年代咬牙坚持练习舞蹈的韧劲，还一直扎根在她的身体里，如此，经历重重阻挠，包括一次脱臼，两次重伤，她总算是学会了骑马，而且可以从容地骑在俄罗斯纯种小马的背上，向男主角暗送秋波。

然后是学习一个多世纪以前的俄国宫廷舞蹈，这一点对她而言难度并不大，她只需要在老师的指导下勤加练习即可。

最后便是戏服的选择，因为纪梵希档期已满，他的工作室也没有设计过上个世纪的服装，她只能在意大利的众多服装店里挑选，一件一件试穿，找到契合女主角气质的成衣。其间，纪梵希还特意抽空飞到罗马来给她把关，从面料到颜色，从配饰到款式，他用专业服装设计师的眼光和友人的视角，为她提了许多宝贵的建议。

一切准备就绪后，《战争与和平》在是年 8 月开拍。

事实上，这部影片的拍摄过程比《罗马假日》并没有轻松多少，当时正好是罗马最炎热的季节，而演员们要身穿厚重的毛皮与冬装，每天出外景十几个小时，假装生活在俄罗斯的冬季。

有一次，奥黛丽顶着毒辣的日头在郊外行走，内衣全都被汗水打湿，地表无一物可庇荫，不断泛起的热浪扑过来，令人无法呼吸，就连她的马也被热得昏倒在地。

幸而还有不少夏季的镜头。

奥黛丽很喜欢其中那个穿着白色印花连衣裙在树下写生的画面，那是娜塔莎闪闪发光的青春，她一生中最值得珍藏的时刻。

影片上映后，恰如一些影评人所说，奥黛丽在那个场景中的表现，让他们看到了娜塔莎身上"宁静的光辉"。

那个镜头，也昭示着她身处的和平时代——彼时，她眼睛里流动着青春的气息，干净，清澈，如树荫下的小溪，尚不知多年后，因为战争，她的眼睛也将饱含历尽千帆的沧桑。

在票房与口碑方面，这部史诗大作却有些不尽人意，人们认为电影形式大于内容，恢宏的场景难掩情节的薄弱，人物心灵的刻画也不够饱满，与托尔斯泰笔下的相去甚远。

好在一年后，导演金·维多凭借该片获得了奥斯卡奖杯，后又与奥黛丽一起获得了年度金球奖的奖杯——他是最佳导演，奥黛丽是最佳女主角，也算是弥补了一点遗憾。

还记得影片首次公映的时候，金·维多在记者发布会上发言：

"奥黛丽·赫本是我心目中最好的娜塔莎，并非因为青春美貌，而是她有一颗高雅的灵魂和百折不挠的心。"

金·维多或许不知道，在奥黛丽心里，他那句话是比《战争与和平》的巨额片酬更为珍贵更为恒久的嘉奖。

那一刻，柔软的晚风拂过她的耳际，他的话竟让她产生了一种感觉，那就是生命如此美妙，纵然往昔与余生都要经历风雨，也不枉来此人世一遭。

19

"甜姐儿"：你让我的生命如此美妙

1955 年 12 月，《战争与和平》杀青后不久，奥黛丽和梅尔便前往巴黎。梅尔将在那里拍摄《多情公主》，为期四个月。奥黛丽也正好可以放松一下身心，陪伴在丈夫身边，顺便享受浪漫之都的冬季与春天。

但就在 1956 年 2 月初，奥黛丽获得了一个非常难得的机会，只能恋恋不舍地离开丈夫，独自启程返回洛杉矶，去赴一个多年前许下的心愿——

与弗雷德·阿斯泰尔共舞。

阿斯泰尔是谁？

他是美国电影演员、舞台剧演员、歌手，20 世纪最伟大的舞蹈家，是 1950 年获得奥斯卡终身成就奖的人，他也是奥黛丽童年时代里的梦想，是令她仰慕的遥不可及的星光。

所以，当《甜姐儿》的制片人向她抛出"阿斯泰尔已经签约男主角"的诱惑时，她几乎是毫不犹豫地签下了合约。

《甜姐儿》是一部歌舞电影，讲述的依旧是一个"灰姑娘"的故事：

乔·史托顿小姐，本是纽约格林尼治一家书店的店员，她爱好哲学，生活与时尚毫不沾边。

迪克·艾弗瑞，美国女性时尚杂志的摄影师，一次在乔工作的书店取景时，发现乔正好是那个让他寻觅良久，符合他内心所定的模特儿标准的人。她气质独特，浪漫纯真，最难得的是，她美貌与智慧并存，就像是一块亟待雕琢的璞玉。

迪克马上邀请乔担任他的签约模特，对于这个许多女孩都梦寐以求的邀约，乔却毫无兴趣，直到她考虑到去往巴黎拍片，就可以见到她最敬佩的哲学家时，她才答应了迪克。

在巴黎，经过时尚大师指点后的乔，成了迪克的缪斯女神，他为她拍下的一系列照片，很快惊艳了美国的时尚界。而乔也慢慢爱上了迪克，以及这份与迪克共处的新工作。

但这时出现了一点小波折，乔应约去拜访哲学家，居然让迪克心生醋意，他们之间发生了争吵，乔选择负气离去。于是，迪克便只能使出浑身解数去挽回这段关系，让乔重新回到他的身边。

影片的结局自然是皆大欢喜，乔到底无法割断情丝，参与了迪克的展演。最后，她的事业获得了成功，爱情也得到了应答。

《甜姐儿》的开机时间定在 4 月，地点则是在派拉蒙的制片工厂。

但从 2 月开始，一到达洛杉矶，奥黛丽就已经在摄影棚内心无旁骛地练习舞蹈。为了不辜负与阿斯泰尔共舞的机会，也为了在剧中有更自然和谐的表现，奥黛丽每天都会提醒自己，至少练满十六个小时，如此，才能保证跟上舞王的步伐。

"奥黛丽，你真是我见过的最勤奋的女演员，简直不知疲倦！"一天临近收工时，导演斯坦利·多南对奥黛丽惊呼道，"其实你已是一名优秀的舞蹈演员，大可不必这样辛苦……快去休息吧，明天你可以晚点到。"

"谢谢多南先生，我想没有必要，而且我明天早上一定会九点到。"

事实上，她第二天依然会在八点到达片场。

多南不知道，那是她的一个信念，花费再多的时间与精力也不会觉得艰苦，就像是漂洋过海去赴约，一个人历经高山险阻，长河汹涌，但每临近一步，心里都会生出无可比拟的兴奋与愉悦。

而在见到阿斯泰尔之后，奥黛丽才知道，当初制片方在他们身上分别使用了同样的伎俩——在阿斯泰尔面前谎称已经签下奥黛丽担任女主角乔，在奥黛丽面前又谎称阿斯泰尔已经签约迪克一角……

当然，阿斯泰尔和奥黛丽都迅速签下了合约。

所以，当剧组到达巴黎的外景地，却相逢暴雨，久久等不到阳光时，奥黛丽便忍不住对着天空忧伤地说道："亲爱的上帝，为了和弗雷德·阿斯泰尔一起跳舞，我等了二十年，您怎忍心赠我一地的泥泞？"

阿斯泰尔听到后爽朗地笑起来："是啊，亲爱的上帝，或许这会是费雷德·阿斯泰尔与可爱的赫本小姐共舞的唯一机会。"

没想到第二天，雨真的停止了，浓烈的太阳光照射着森林与湖水，蒸腾出童话世界一般的白色雾气，在野花与鸽群点缀的林间空地上，他们执手而舞，就像踏足于虹光之上，梦幻得可以忘记全世界。

除却与阿斯泰尔共舞的镜头，《甜姐儿》里还有一场奥黛丽在酒吧里的独舞，也让人记忆犹新。

她穿着黑色毛衣，搭配铅笔裤，脚踝处露出一大截白袜子，在朦胧的灯光下，在爵士乐的旋律中，肆意挥动双臂，旋转身体，欢快地跳跃、踢踏，将全部身心都沉浸在自由奔放的氛围中，一次又一次点燃整个酒吧的激情。

对她来说，那是片中最为轻松的一段表演，因为根本不用考虑人物性格，只需要本色出演，唤醒身体里那个洒脱不羁的灵魂即可。

而那段舞蹈，也成了影片中观众们最喜爱的场景之一，多年来，一直被人借鉴，被人致敬，被人收藏，被人感怀——"奥黛丽·赫本，那个连女人都会爱上的人。"

值得一提的是，纪梵希设计的数十套戏服也功不可没。

或者可以这样说，如果没有他的才华加持，乔·史托顿小姐的华彩，包括整部《甜姐儿》的魅力，怕是要失色一半。

更别说那些让观众叹为观止的艺术品一般的画面，多年后，那些在巴黎卢浮宫、埃菲尔铁塔、凯旋门、火车站，以及芳登广场拍下的镜头，将再次成为时尚界的灵感教科书。

在影片的最后，乔用《如此美妙》中的一段歌词表达了她的心意，也为她与迪克之间的爱情拉开了帷幕，令人遐思翩飞：

你让我的生命如此美妙，别怪我如此多情……

而在戏外，随着导演的一个手势，属于奥黛丽的长达半年的"甜姐儿"时光，已完满结束。

奥黛丽还记得影片杀青的那天，剧组成员在森林边组织了篝火晚宴，苍穹倒映湖水，星光满溢心头。在休憩的空隙，阿斯泰尔走到她的身边，轻声地跟她说："你是一位优秀的演员，也是一名出色的搭档，专业、聪慧，真的让我刮目相看。我想，这将注定是一段令人难以忘怀的愉快记忆。"

然后，他又温和地补充道："这可不是玩笑。"

那一刻，柔软的晚风拂过她的耳际，他的话竟让她产生了一种感觉，那就是生命如此美妙，纵然往昔与余生都要经历风雨，也不枉来此人世一遭。

《甜姐儿》上映后，打破了票房纪录，被媒体评为年度最好的音乐片，而奥黛丽也被纽约时装协会推选为全球十位最迷人的女性之一。

当时有一家杂志的记者来采访奥黛丽，有一个小插曲就是，在巴黎的酒店里，奥黛丽为她修好了突然罢工的磁带录音机，让她差点惊掉了下巴。

那是一个慵懒的午后，她们聊得还算融洽，谈及《甜姐儿》对奥黛丽的影响，也谈到了自身与生活：

"请问赫本小姐，您如何看待当下生活？"

"我希望自己不要活在当下，那样太过物质，要珍惜当下，我发现很多人都耽于生活的表面，被五光十色的泡沫所迷惑，而忽略了生活的本质与内核，那其实是一件非常美好的事情。"

"那么再请问赫本小姐，您如何看待自身的完美与成功？"

"这应该是观众眼中的错觉。但我认为，一个人无论完美与否，都必须客观地看待自己，就像研究乐器一样，分析自己，坦白面对自身的缺陷与不足，不要试图去隐藏，要学会发展优势。就像我非常明白自己出色的一面在哪里，我不必为任何人改变，只要坚持做自己，并付出全部的努力就很好。所以，从走上表演之路至今，我所获得的最大的成功，就是拥有了一个真实的自我，懂得坦然接受自己的弱点和他人的不足。虽然我离一个完美人物相差甚远，但是还不至于太差。"

……

至于《甜姐儿》对奥黛丽的影响，或者说它对奥黛丽的意义，应该就是，它不仅让她的银幕之路更上层楼，还激发了她的舞蹈潜能，见证了她的表演功底，安放了她的个人梦想，更让她找到了由衷的自信与快乐，走出了失去孩子的阴影，从而获得了心灵的蜕变。

以至于在后来的很长一段时间里，观众与记者都喜欢用"甜姐儿"来称呼她。

他们说，奥黛丽·赫本脸上的笑容，让人想起世间最甜美的花朵。

20

在墨西哥乡间，找到久违的满足与安宁

1956 年秋，奥黛丽与比利·怀尔德再度合作，在其执导的爱情片《黄昏之恋》中担纲女主角，饰演睿智冷静、自信优雅，却甘愿为爱入局的女大学生艾莲。

是时，男主角已经签下了加里·库珀，拍摄地点则近水楼台，就在巴黎西区的制片厂。

在此之前，弗林斯也曾向奥黛丽表示过隐忧，并委婉相劝她不要重复戏路。

她明白弗林斯的意思，她需要转型，需要拓宽戏路，需要不断给观众惊喜，那么重复某个类型的角色的确是一种不太明智的选择。毕竟她已经接连出演了好几部剧情相似的爱情片，都是饰演清纯少女，然后也都是与年龄长她一辈的男演员搭戏，便难免会让人觉得俗套和乏味。

但基于对怀尔德的信任，她愿意再尝试一次，或者说，她愿意花费几个月的时间，去报三年前《龙凤配》对她的知遇之恩。

《黄昏之恋》的剧情也一如它的片名，自始至终都弥漫着暮霭沉沉的暧昧气氛，在一曲《意乱情迷》的贯穿下，初出茅庐的女学生与纵横情场的老富翁之间的情愫也渐渐发酵，看似一个步步为营，一个大局在握，而到了最后，却是爱和欲都混淆……

在影片中，艾莲是一名私家侦探的女儿，她的父亲以婚外情调查闻名业内，而她在看惯各种各样的背叛与不堪之后，却依然相信世间有美好的爱情存在，甚至，她认为能够冲破道德的藩篱，一路迎难而上的爱情才是真正的爱，才是值得憧憬的用勇气去征服的险峰，以及用智慧去探索的秘境。

出于一次偶然，艾莲遇见了风流富翁法兰肯，而且很快发现他正是她父亲的调查对象之一。于是她通过父亲的资料库，给自己捏造了神秘的情史和身份，主动接近法兰肯，在他的豪华酒店套房里，她孤身入险境，用语言排兵布阵，与他一较输赢，又怎料到，她本是攻心谋爱的那一方，却早已未战先降，不知不觉深陷在他的魅力中。

影片最后，艾莲成功俘获了法兰肯的心，在即将离开巴黎的火车上，他把她拥在怀中，眼睛里呈现出初恋般的温情……又一个有情人终成眷属的结局。

但就在法兰肯向艾莲求婚的时候，镜头里却戏谑地加了一句旁白——"已婚，在纽约服刑，终身监禁"，或许，对于自由不羁、爱好猎艳的情场浪子来说，婚姻的确是甜蜜的牢笼。

《黄昏之恋》拍摄得还算顺利——除却一点，库珀当时已年近花甲，为了让他在镜头里与20来岁的艾莲多一点情侣的感觉，而不是看起来像一对父女，化妆师与摄影师可谓是煞费苦心。

因为不仅要想方设法将他拍得年轻，比如提前两个小时化妆，加上滤镜，然后通过阴影和各种布景来遮挡……而且，考虑到库珀在影坛的地位——他从影三十余年，拍摄近百部电影，两度获得奥斯卡奖杯，是一位名副其实的巨星，如此一切又都要委婉地进行，避免太过唐突而节外生枝，毕竟三年前，由鲍嘉带来的不愉快还尚未在剧组工作人员们的记忆中消散，依旧令人心有余悸。

当然，除此之外，一切都是愉悦轻松的，记得每次收工后，怀尔德都会邀请演员们去摄影棚旁边的俱乐部聊天，灯光在头顶闪烁，像牧野上倒悬的星空，大家无所顾忌地畅谈心事、醇酒、美食、服饰、艺术……用自由洒脱的爵士乐下酒，马爹利喝了一杯又一杯，一直到月上西楼，深夜绵绵。

但无论多晚，只要一回到酒店，奥黛丽就会先打电话给梅尔，向他道一声晚安再入睡，包括聆听他的心情，抚慰他的情绪，或倾诉自己的想念，尽力承担起一个好妻子的责任。

彼时梅尔正在异地拍摄新片，工作非常忙碌——她明白他在事业上的雄心壮志，也感动于他身为丈夫的担当。自他们相恋以来，外界的流言便不绝于耳，他极为渴望在银幕上一展身手，用自己的努力换取名望和财富，以及庇护爱人的能力，而不是生活在"奥黛丽·赫本"的光环之下，被无聊的记者们猜忌与编排。

1956 年冬，《黄昏之恋》杀青后，奥黛丽即知会弗林斯与罗杰斯，她将计划休假一年，在此期间，不想接受任何媒体采访。

不久后，她便陪同梅尔去往墨西哥拍摄《太阳照常升起》，在片场附近，夫妻俩租下了一套乡间别墅，有着纯净的空气、温和的阳光、清澈的泉水，以及常开不败的花朵，的确是一个让人内心宁和的美好居所。

在那里，奥黛丽每天为丈夫洗手做羹汤，或者带着小狗"有名先生"出门散步，穿越种满玫瑰、天竺葵的小路去片场探班，然后等梅尔一起收工回家，在路边采摘一把野花，给他们的小家营造充满情调与爱意的温情氛围。

在冬阳温煦，香气四溢的花树下，奥黛丽抱着"有名先生"，写信告诉母亲，她在墨西哥乡间找到的久违的满足与安宁。末了，又情不自禁地憧憬，如果还能得天意眷顾，让她再孕育一个孩子，那便是再完满不过的人生了……

只是没有想到，就在新年即将到来的时候，奥黛丽又接下了两个剧本。

一个是电视电影《魂断梅耶林》，根据克劳德·艾勒的原著改编，讲述 19 世纪末，奥地利帝国的皇储鲁道夫为了追求爱情，不惜放弃皇位继承权，与父亲决裂，最后与恋人相约在一个叫"梅耶林"的村庄双双殉情的凄美故事。

《魂断梅耶林》由安纳多尔·利瓦伊克执导，他刚跟英格丽·褒曼合作过《真假公主》，后来，褒曼凭借该片拿下了她的第二座奥斯卡奖杯。

安纳多希望邀请影坛的一对夫妻来出演《魂断梅耶林》，而奥黛丽和梅尔正好都有档期，且符合制片方提出的条件——必须是当红的明星，必须有经典之作傍身，必须具备一定的票房号召力……

弗林斯则为夫妻俩谈下了可观的片酬，在 1957 年 1 月工作三周时间，可获得二十五万美元。

梅尔当即答应签约，而奥黛丽也愿意在夫妻之间多保留一份银幕记忆。

另一个，便是《修女传》。

是的，奥黛丽期盼已久的转型之作，她直觉上"非演不可"的电影，她得以成长为"真正伟大的女演员"的作品，它终于来了。

那种初次踏足于非洲大陆的使命感，原来一直在她的血液里汩汩流动着，奔涌着，已经渗透了她的整个灵魂。她想，多年前，路加的心里，定然也曾有过那般的温情与触动。

21

"修女"奥黛丽："我不要以你为荣，我要你快乐"

1958 年 1 月 28 日，《修女传》在比属刚果正式开机。

而在此之前，为了演好路加修女一角，奥黛丽已经准备了将近一年的时间，或者可以说，她已经褪去青涩，洗尽铅华，为这个即将带给她灵魂洗礼的角色，等待了多年。

奥黛丽一直记得，一年前在墨西哥的乡间挑灯夜读《修女传》时的震撼与心动。

文字如镜，翻阅那些情节，就像是经历一场揽镜自照的旅程，感受着一种超越宗教仪式的召唤，让她不由自主地走进路加修女的内心，去重新认知这个世界。

在书中，出生于比利时的嘉比亚·范德玛是一名外科医生的女儿，她自小就立志要救人苦难。

成年后，她决意投身修道院，其间历经漫长的考察，终于得以领受圣袍，以"路加"为名，成为自愿放弃俗世情感与欲念，一心奉行服从、清贫、守贞，给上帝传递福音的修女。

成为修女后，她参加医学培训，到精神病院实习，以优异的成绩脱颖而出，如愿被派往非洲的比属刚果工作。在那个生存环境无比恶劣，疾病与蛇虫横行的地方，她无私奉献了将近十年的时间。

后来，她因为一个护送任务，回到了比利时，却无时无刻不在想念刚果。

"二战"很快爆发了，处处枪林弹雨，阻隔了她去刚果的路，她只能留在家乡参与救助工作。

但就在救护伤员的过程中，她发现自己的内心与宗教的规定再次产生了强烈的冲突。她希望拯救生命，让人免受病痛的折磨，但在教规之下，服从一词显然高于一切。

她想起昔日在刚果时，她不明白修女为什么可以在一台手术中途戛然停止，抛下伤痛中的病人，只为去修道院参加弥撒。

到底生命与宗教仪式孰重孰轻？

到底是选择做一个鲜活饱满的人，还是上帝忠实的信徒，一具精准的"信仰机器"？

在那里，她曾感染过肺结核，但无神论者医生告诉她，她的肺结核不过是某种心病的副作用。

副作用他可以医治，而心病只能靠她自己。

"你是入世的修女，有自己的看法，能坚持自己的理想，所以，你永远无法成为一名合格的修女。"

如今，她也不明白在修女守则里，为什么必须无条件地服从规定，不能拒绝照顾任何一个人——哪怕对方是残忍的侵略者，也要一视同仁，坚守"美德"，对其布施善意和爱心。

如果遵循内心，她一定只会救助盟军，而不是那场苦难的始作俑者——若非如此，抵抗外敌又有何意义？盟军在前线流过的血，牺牲过的同胞，又与尘泥草芥何异？

在长达十余年的时间里，她每天都在为自己的质疑与困惑而感到痛苦，饱受折磨。

她也明白，自己的心病就是长期不可倾吐，不得疏通的郁结，是忠于信仰，还是忠于人性的抉择，每当她的内心挣扎一次，就像吞了一根针。

直到有一天，她的兄弟成为战俘，尊严被任意践踏；医术精湛的父亲在抢救难民时，被纳粹的机关枪击中，成为一个轻飘飘的伤亡数字，她才痛断肝肠，请求教会撤去她修女的誓愿。

离开修道院后，她还俗为一名普通的战地护士。

从此之后，她再不必执行那些强人所难的宗教习俗，却同样可以救助他人，也同样可以对上帝保持真诚。

她终于找到了生命真正的意义，那就是尊重本心，守护理想，成为一个怀抱精神柴薪的人，用善良与爱点亮灵魂，行走世间，自以为灯。

她也终于将内心的那些"针"，亲自拔了出来。

路加修女的经历，让奥黛丽感到那么亲切。

与路加一样，奥黛丽也出生在比利时，也曾经历过战争，兄弟沦为战俘，亲人被纳粹杀害，失去了父爱，在年轻时远赴异乡，也将遵循内心的指引视为唯一的宗教——爱，才是尘世之间最好的信仰。

是夜，掩卷睡去，往事历历，奥黛丽的内心久久不能平静。翌日，她便写信告知弗林斯，她同意出演《修女传》，无论条件如何。

于是，1957 年 1 月，奥黛丽在纽约签下了《修女传》的合约书，片酬为二十万美元，附加条件是可以获得百分之十的票房分红。

然后，奥黛丽开始全程参与制作，包括拜访原著作者和书中的原型人物，与编剧及导演开会探讨剧情事宜，还有到修道院体验修女的日常生活……

凯瑟琳·休姆是《修女传》一书的作者。

书中路加修女的原型，正是休姆的好朋友"路"，现实中的修女玛丽·路易丝·哈比兹，她曾在比属刚果从事医护传教工作十七年，也曾和休姆一起在"二战"期间参与比利时的抵抗运动，不舍日夜地救助伤员。战争结束后，她们又一起为联合国善后救济总署服务，帮助过无数流离失所的难民。一直到1952年，她们才来到美国，休姆重拾笔墨，继续写作。玛丽则依旧担任护士，用余生的热情，在人间播撒美德与爱心。

后来，休姆将玛丽的人生经历写成《修女传》一书，于1956年出版上市，仅在英国地区就畅销了数百万册。

但在洛杉矶休姆的家中，这位作家告诉奥黛丽，她写作此书的初衷，并不是要用他人的苦难去换取自身的名利，而是为了将其当成一件礼物献给玛丽——她世间最好的心灵知己，为了将她们历尽艰辛获得的信仰的珍宝，分享给所有的人。

"希望可以行善。"玛丽在一旁虔诚地说道，她声音轻柔，却有着抚慰人心的力量，继而用她那双饱经风霜的眼睛望向奥黛丽的脸，会心一笑，"我们相信你，奥黛丽，因为从你的眼睛里，我们看到了路加修女的灵魂。"

《修女传》的编剧是与《龙凤配》有过合作的罗伯特·安德森，他同时也是一位出色的剧作家和散文作家。

导演则由弗莱德·辛尼曼担纲。辛尼曼是名副其实的大师，他一生中先后四度赢得奥斯卡奖杯，待人接物谦和有礼，极具君子风度，对待工作更是精益求精，是业内最高水准的保证。

他们经常聚在一起召开剧本会议，讨论路加的心路历程。

譬如有一次，奥黛丽就对安德森的剧本草稿提出了异议，她认为在影片结束时，路加自称是"一个失败的人"，并不符合原著的立意。

她曾多次与休姆、玛丽倾谈，早已将自己融入了书中，与路加形同一人。

她想，作为一个天赋与智慧并存的人，选择对内心忠诚的人，路加走出修道院后，不应该还有那样"虚伪"的说法。

奥黛丽请求安德森，希望借助他的才华，在电影里精妙地表达出路加的情感转换。路加虽然没有成为一个修道院期待的那种修女，但她恢复了灵魂的自由，可以将自身的爱奉献给更多的人，在清规戒律之外，她的信仰并未死去，善意也并未枯萎，而是用另一种方式获得了重生。

在故事结束时，是否可以给观影人带来某种坚强的力量？

一如休姆与玛丽赋予这部小说的初心，不是通过路加的沮丧与懊悔，来修饰她的心灵成长，给修道院打上一束光芒。因为路加和修道院本就是两条平行线，而不是此消彼长的负面关系。

没想到，安德森与辛尼曼经过几天的探讨后，一致认同了奥黛丽的意见。

辛尼曼告诉奥黛丽，他在她身上，看到了一个演员对工作最大的诚意。

如此一来，影片上映后，观众便看到了这样的结尾：

路加脱下修女的圣袍，摘下为上帝守贞的戒指，提着当初进入修道院的箱子，从后门走向大街，步履坚定，眼神澄明，眉心舒缓，满脸安宁。

只是在出门走下台阶时，她还是自然地伸手往裙摆的位置拢了一下——那是她经历十七年的修女生活形成的习惯，但她马上意识到自己已经换下了长袍，手在空中迟疑了一下。

接着，晨风吹起她的衣角，她头也不回地走向街道深处，离修道院越来越远，身影在一个转弯后慢慢消失……

最后，整个画面一片岑寂，只有那挂在衣架上的黑色的修女长袍依旧沐浴在肃穆的钟声里，日日夜夜，像一只失去灵魂的茧。

而在影片开头，路加的父亲送她去修道院，正逢钟声激荡，一声一声，沉重，静默，永恒。

在修道院门口，父亲对她说："嘉比亚，我可以理解，你能接受清贫、守贞的生活，但我不明白，像你这么有主见的女孩，为何会甘愿服从这绵绵钟声。"

"因为这钟声会召唤我，带我前往梦想的地方——刚果，去做我热爱的工作，救死扶伤……"

"只要你走进那扇大门，你个人的意愿就不复存在了。"

"父亲，我希望有一天，您能以我为荣。"

"我不要以你为荣，我要你快乐。"

"我现在就很快乐。"

"那么请你牢记一件事，嘉比亚，当有一天，你发现自己并不适合这种生活，你可以随时回来，那并不意味着是一种羞耻。"

所以，离开了修道院的路加，那十七年的修女生涯对她来说，或许会成为相伴一生的烙印，但绝对不会成为困囿内心的枷锁。

她会因此收获一颗真正强大、安静的心，还有饱经磨难后，依旧洁净如初的灵魂。

剧本确定之后，便是奥黛丽和剧组演员参与的长达数月的修女实践课。

在金尼曼的安排下，从罗马的修道院到医疗中心，再到精神病院，演员必须到路加工作过的所有地方去体验生活。

比如，换上道袍，学习修女的一切言行——包括祈祷用的拉丁文，从清晨五点半的早祷开始到一天结束后，在十字架下进行的静思仪式。

冬天的修道院极为清冷，没有暖气，她们便学着用信仰来抵御内心的寂寞和外界的苦寒。

"请学着忘掉自己的身份……跪拜在上帝面前，你们就是修女。"前来探视演员的辛尼曼在十字架下告诉她们，"请相信我，这将是一次发掘内在的过程，私密的经验，一笔无形的精神财富。"

辛尼曼也没有闲着。

他邀请了罗马城一批最有名望的修士担任电影顾问，旨在还原天主教的各种仪式与氛围，每一个画面，每一个细节，都经过了反复的推敲。希望影片上映后，观众看得更为真切，台词与故事都能深入人心，从而得到观众和教徒的肯定。

安德森则带着几易其稿修订完成的剧本去拜访了《美国》周刊的文学主编兼耶稣学会学者哈罗德·加迪纳，期待得到后者的宝贵建议。

而让安德森惊喜的是，哈罗德声称"《修女传》若能拍摄成功，想必是一部伟大的作品"，他将为所有远赴非洲的人日夜祈福。

"上帝会保佑你们顺利……"

于是，历经一年的时间，一切终于准备就绪。奥黛丽和剧组成员们带着玛丽的祝福，跋山涉水，抵达比属刚果的史丹利维尔。

他们从旧火车站、医院、教会学校，到破旧的村庄、麻风病院、精神病院、原始森林……一路沿着路加修女的脚步拍摄。

和路加修女一样，拍摄《修女传》时，奥黛丽也是第一次到达刚果。

在很多人的认知中，那是一个野蛮、落后，燠热难耐，贫病交加，麻风病肆虐，一不小心就会葬送性命的地方；但也有很多人忘记了，那其实是一片非常美丽的土地，河流遍野，丛林广袤，日光与雨水一样充沛，有着自由生长的动物，以及天使一般的纯净婴孩。

当时，《修女传》的剧组就驻扎在扎伊尔河畔，为了让镜头更真实，剧组决定全部采用真实场景拍摄，比如影片中出现的麻风病人隔离区，就在河边的山坡上。

奥黛丽在那里工作了好几天的时间，为了尊重病人，她婉谢了工作人员为她提供的防护手套。

她相信适当的接触并不会让她感染疾病，但怎料让她病倒的竟是一只可爱的小猴子。

收工之后，她经常会一个人去河边散步，那里树影幽深，河水潺潺，到了傍晚时分，就会响起召唤独木舟的鼓声。她喜欢点燃一支金叶香烟，观察大树上各种各样的鸟。偶尔便会有伶俐的小猴子从树梢窜下来，落在她的肩膀上，然后一把抢走她的香烟。

她很喜欢那些小猴子和顶着彩色羽毛的鸟，所以它们可以和她一起共享零食和心情——当然，蛇和蝎子都是剧组的不速之客，有一次，她就在餐桌下发现了一条蛇，着实把她吓了一大跳。

然而就在剧组即将离开刚果的时候，一只小猴子由于太过热情，不小心抓伤了奥黛丽的手臂，导致她生病发烧了好一段时间。加之在刚果拍摄的那几个月里，她的身体脱水严重，肾脏也受到了感染，后来竟慢慢发展成了肾结石。

好在到了比利时以后，经过及时治疗，她又站了起来，可以回到剧组工作，也没有拖延太多进度。

1958 年 6 月底，一年准备、半年拍摄的《修女传》宣布杀青。

记得杀青那一天，与大家告别的时候，奥黛丽挨个拥抱了剧组的每一位成员，心间有不舍，却也可以做到念念无言。

她不知道，在她的心里，从何时起，已经住了一个路加的灵魂，如一片大海，可以将情绪的激流静默包容。

或许，正是她第一次抵达刚果，看到那些小孩子可爱的脸庞和他们清澈的眼睛，与他们对视的时候。她是那么渴望用爱去温暖他们，去拥抱他们，守护他们的笑脸与生命。

然后，她的身体里就生长出了一种灼热的情感。

那应该就是上天赋予她的使命。

多年以后，她担任联合国儿童基金会的亲善大使，去往世界各地进行救助工作。当她看到那些被战争和疾病折磨的孩子时，她才知道，那种初次踏足于非洲大陆的使命感，原来一直在她的血液里汩汩流动着，奔涌着，已经渗透了她的整个灵魂。

她想，多年前，路加的心里，定然也曾有过那般的温情与触动。

一年后，《修女传》正式在纽约首映，居然出现了观众需要排队五个小时才能抢到一张票的盛景。

同时，影片票房大卖，口碑也大好，人们称赞它是一部真正抵达心灵的杰作，并声称："看到了奥黛丽·赫本从影以来的最佳表现，她将路加修女的内心拿捏得恰到好处，所有人都愿意相信，她就是路加本身，是修女美德的化身，那么坚强勇敢，又是那么美好温柔。"

辛尼曼则告诉记者："在如此艰苦的条件下，奥黛丽脱离了纪梵希戏服的加持，同样可以用她别具一格的表演才华和沉静心灵，向观众证明了她是一个实力派，一位伟大的演员。"

但奥黛丽认为，她最大的收获，不是业内为她颁发的各种大奖，也不是票房带给她的巨大收益，而是遇到了在精神上脱胎换骨的全新的自己。

以爱为使命，为宗教，永远忠于本心。

以自己为荣，悦纳生命的最高奖赏。

所以，在探索路加心灵的同时，她也在无限地向内探索自身，从某种意义上来说，路加是她的镜子，也是她的内核。

奥黛丽那年复活节前夕，她在刚果蚊虫出没的丛林中，给亲爱的休姆和玛丽写信，祝福她们复活节喜乐，第一次署名——"你们挚爱的奥黛丽修女"。

她相信，在爱的宗教里，她们一直都是同行的人。

奥黛丽并没有想象中那么快乐。她最爱的人正处于事业的低谷，丈夫无法跟她分享荣耀，而且这些荣耀，似乎正一点点地将她从梅尔身边推远。

22

那无数个黯然心碎的长夜

时隔多年，梅尔再执导筒，前往加州的卡尔佛城拍摄《翠谷香魂》。

影片改编自半个世纪前发行的一本畅销书，故事背景为 17 世纪的南美热带丛林：

男主角埃布尔为了躲避一场政治灾难，逃往丛林深处，在那里，他被毒蛇咬伤，险些身亡，幸而遇见了住在丛林里的神秘女孩莉玛，她的及时出现，不仅救了他的命，也俘获了他的心。

莉玛就像森林的女儿，面容不染凡尘，身体里拥有大自然赋予的特殊能量，比如肤色可以随情绪而变化，懂得动物的语言，可以安抚草木昆虫的情绪，甚至可以与灵魂对话……

但就在埃布尔被莉玛所吸引，两个人坠入爱河时，莉玛却被一群原始部落的野蛮人当成邪灵抓了起来，声称要把她焚烧至死。当埃布尔匆匆赶到后，只看到一片燃烧过的痕迹。

悲愤之余，埃布尔决定与部落首领决一死战。后来，他想起莉玛曾向他提起过的不死传说，于是历经千难万险，终于在安详的阳光下，找到了莉玛的躯体，让莉玛的香魂得以再续。最后，他们携手走出了丛林，一起构筑新生活。

"亲爱的，莉玛一角非你不可。"——时光飞逝，一年前梅尔的话尚在耳边回荡，转瞬便到了1958年7月。月底，《翠谷香魂》的记者发布会上，梅尔紧紧拥住奥黛丽的肩，眼睛里溢满了自信，整个人都显得神采飞扬："这是一部倾注我全部热情的影片，同时，也是一份送给我妻子的银幕礼物……"

身为莉玛一角的饰演者，以及礼物的主人，奥黛丽则对着镜头会心一笑："届时还请诸位多多支持费勒先生的作品。"

为了在影片中更接近莉玛的气息，奥黛丽留起了长发，每天坚持运动，尽量在体型上给自己多保持几分少女的感觉。

除此之外，她还亲自喂养了一只小鹿。

她给它起名"伊普"，喂它山羊奶喝，给它讲故事，带它一起出门逛超市、散步，去小树林里玩耍……把它当成家人一样对待，希望与它创造一种心灵的缔结，让它感受到爱的氛围。

她也喜欢看它在家里上蹿下跳的样子，每次午休的时候，它就会依偎在她身旁，像一个乖孩子傍着自己的妈妈。

于是，拍摄过程中，有"伊普"出现的镜头，他们表现得都非常亲密和自然，当它用那双清灵温柔的眼睛看着奥黛丽时，奥黛丽就情不自禁地想去亲吻它的脸庞。

但奥黛丽的经纪人弗林斯并不看好这部影片。

首先，他认为剧本太过空洞乏味，台词生硬，情节缺乏可信度，想来无法与大众的情感产生共鸣。

再者，奥黛丽在影片中又一次出演无辜少女，他认为这样的角色显然无法提升奥黛丽的演技，万一影片口碑不佳，还可能会波及奥黛丽的前程。

最后，弗林斯犹豫了一下，委婉地告诉奥黛丽，他不相信梅尔有足够的能力，可以撑起一部如此漏洞百出的影片，而且制作经费显然捉襟见肘，在制片厂搭建的南美丛林便不足以表达诚意……一旦失败，制片方将颗粒无收，梅尔的导演生涯也将就此断送。

奥黛丽只能叹息一声。

她何尝不相信弗林斯的目光如炬？

但她还是只能对他的苦口婆心表示抱歉，因为相比前程，以及被各种隐形的利益链条所禁锢，她更迫切地希望，旁人都在向梅尔泼冷水的时候，她可以毫无顾忌地站在丈夫的身边。

《恩怨情天》的合约是弗林斯在奥黛丽拍摄《翠谷香魂》期间为她谈下的。

因为她曾向他透露过想出演西部片的意愿，也是因为他对后者实在没有信心，希望通过接下来的作品为她一挽狂澜，而且这部影片的导演还是赫赫有名的约翰·休斯顿，他的《非洲皇后号》就曾为凯瑟琳·赫本赢得了一座奥斯卡小金人。

就在 1958 年的年底，也就是影片开拍前夕，奥黛丽惊喜地发现自己怀孕了。

而《恩怨情天》的外景地却是在墨西哥中北部杜兰戈附近的马德雷山脉一带，那里酷热难当，风沙漫天，奥黛丽将饰演一名印第安女子，有不少骑马奔驰的镜头，便不免有些担心，腹中胎儿会受影响。

"那么用替身如何？"到达墨西哥片场后，休斯顿试探着和奥黛丽商量。

"不不不，我永远都不会用替身，"站在一匹没有装马鞍的灰色种马面前，奥黛丽咬紧牙关，心存侥幸，守护着自己的职业道德，满脸倔强，"我既然来到了这里，就不会将自己当成娇滴滴的孕妇。"

但很快，奥黛丽就为自己的逞强付出了惨痛的代价。

那一天，依旧是那匹灰色种马——据休斯顿说，这种马曾是前古巴独裁者巴蒂斯塔最引以为傲的坐骑，它日行千里，蹄下生风，也焦躁暴烈，野性难驯。当时，奥黛丽就骑在它的背上，按照剧本的指示，朝镜头慢慢走过来……

而为了抓拍另一个角度，一位工作人员突然跳到了马的面前，示意它停下来，怎料马受惊起立，用背部的力量狠狠将她甩到空中。于是，就像扔麻袋一样，她被狠狠地摔在了地上，当场痛得昏厥，四根肋骨骨折，两节脊椎受损，膝盖受到严重扭伤……

那一刻，仿佛天都塌了下来，她又痛又悔，心就像被撕裂了一般，无可比拟地担心她的宝宝。她想，如果可以用她的生命去换取宝宝的平安，她定不会犹豫一分一秒。

得知奥黛丽受伤后，梅尔立即从洛杉矶赶了过来，他带着医生，租了一架飞机来接妻子，然而医生告诉奥黛丽，因为胎儿太小，目前还无法断定，他是否受到了损伤。

真正煎熬的日子便这样到来了。

等待康复的那段时间，奥黛丽每一天每一时每一刻都在担忧胎儿的健康，遭受着身心的折磨，一度沮丧到了极点。

于是，奥黛丽打电话给玛丽，向玛丽倾诉她的痛苦和想念，并渴望得到帮助。

没想到，第二天清晨，玛丽就来到了奥黛丽的身边。有了玛丽的悉心护理和精神指引，一切如有神助，不到一个月的时间，奥黛丽居然就可以下床走路了，心情也开朗了许多。

1959 年 2 月底，奥黛丽在梅尔的陪同下，再次前往墨西哥拍摄《恩怨情天》余下的戏份。

一个月以后，她还是流产了。

发生腹痛的前一秒，她还在为腹中的孩子编织毛衣，粉红色的一套，浅蓝色的一套，想象着孩子穿上毛衣时的可爱样子。

如此，痛定思痛之后，她告诉弗林斯，在接下来的日子里，她会安心备孕，不再接受任何片约。

人活着，一生中，总该有所取舍。

不久后，《翠谷香魂》终于上映，可惜，还是没能逃脱遭人诟病的命运，比如"梅尔能力平庸，真是最不合格的导演""男女主角缺乏默契，亲吻也只是碰一碰鼻子""无比乏味的观赏过程，剧情处处败笔，台词不知所云"……

弗林斯当初对它的预言，几乎全都应验了。

这一份梅尔送给妻子的银幕礼物，显然观众不会买账，票房口碑皆惨败——对比同年 6 月上映的《修女传》的一票难求，可谓是冰火两重天。

当时两部影片都是在纽约无线电城音乐厅进行首映，而来观看《翠谷香魂》的人还不到一小半，《修女传》的队伍拍到了第五大道。

但《修女传》的成功，以及奥黛丽所获得的各类大奖，不仅没有给梅尔带来心灵上的安慰，反而让他备受打击。

那段日子，奥黛丽第一次看到丈夫那么脆弱，每天把自己关在房间里，拒绝见任何人，自信心从云端跌落尘泥。

尽管奥黛丽推掉了许多活动和采访，但她依旧无法阻挡她的剧照被频繁登在最热门的杂志上，附上醒目标题——"奥黛丽·赫本，好莱坞的电影皇后""《修女传》，巨星赫本的实力之作"……

偶尔，奥黛丽也会陷入深深的无力感。

比如在某一个静夜，她一个人在阳台上抽烟，望着远处的茫茫夜色，便会想，到底是何时起，她与梅尔之间，多了一道无形的屏障，她渴望靠近他，却发现他已经封闭了自己。

她明白，一直以来，他其实都是一个完美主义者，基于自身的高起点，他锲而不舍地追求事业的成功、思想的卓越，却屡次与目标背道而驰，便难免陷入情绪的怪圈。

她打电话给一位单身的友人："曾经你问我，从男人身上了解到了什么，我想我现在可以告诉你答案了：他们是人，也拥有女人般的脆弱，有时甚至比女人还脆弱，我确实是这样认为的，你很容易就会伤害到他……"

是的，《修女传》创下了一个票房传奇，其成功显然已经让观众忽略了奥黛丽在《翠谷香魂》中的失败。

只是，奥黛丽并没有想象中那么快乐。

她最爱的人正处于事业的低谷，丈夫无法跟她分享荣耀，而且这些荣耀，似乎正一点点地将她从梅尔身边推远。

所以，她还渐渐看清了另一个悲哀的事实，那就是在充满惊涛骇浪的好莱坞，在外界赋予的名利上，她已经永远无法跟她的丈夫风雨同舟。

所以，她理解他，试图靠近他，尽管整个过程都需要付出无数个黯然心碎的长夜。

但她到底不是他。

她可以做到视名利如浮云，他可以吗？

毕竟名利这个词，从未真正得到过的人，又哪来的底气说看淡……

23

蒂凡尼的早餐：一位漂亮的实力派

1959 年初冬，在梅尔及红十字会的帮助下，奥黛丽又见到了父亲罗斯顿——那个曾造就她生命又弃她于荒野的人，那个赋予她温暖又给予她痛苦的人，当时，奥黛丽与他已经分离了二十年。

在爱尔兰都柏林谢尔伯恩酒店的大堂里，父女俩彼此对望，又相顾无言，尽管曾经她在脑海中预演过无数次重逢的情景，却不知为何，依旧手足无措。

她细细辨认着父亲的面容，他老了，须发皆白，衣衫陈旧，但神情依旧冷傲……据红十字会的讯息，他在多年前就已经建立了新的家庭，并定居都柏林，但过得并不是特别体面。

那么父亲还认识她吗？

罗斯顿看着奥黛丽，或许也在试图跨越时间的沟壑，从对方的眼睛里找寻逝去的岁月，但无疑形同捕风。他缺席了她的成长，也不曾保留过她的照片，只有"奥黛丽·赫本"这个名字，尚可成为彼此相认的凭证和记忆的落脚点。

然而，久别重逢，一段礼貌的寒暄后，罗斯顿就要借故离开。

奥黛丽看着父亲的背影，她想起曾经在梦里，她永远追不上他的脚步——那一刻，她突然被某种情感救赎了，折磨了她二十年的心结终于被打开。

她很轻易地就绕到了他的面前——他的步履已有一点蹒跚，然后，她主动拥抱了他，就像童年时他打开双臂，把她拥在怀中一样。

那一刻，她也明白了她与父亲之间的某一种关系已经互换。

在接下来的日子里，奥黛丽已有足够的能力为父亲提供经济上的支持，并守护他的精神生活，让他安然度过晚年。她再也不是那个只能抱着双膝数着父亲的脚步声等父亲回家的小女孩了，再也不用忍受心灵的折磨，在被抛弃的阴影中度过一生。

深冬来临的时候，一场大雪光顾了瑞士的卢塞恩小镇，那时，奥黛丽正坐在壁炉边，写信给她的父母。

窗外雪花飞扬，小镇银装素裹，湖光山色都笼罩着圣洁的光芒，如同一个美丽澄澈的童话世界。

不久后，她桌上的两个信封也将被邮差带走，它们会承载着同样的心愿，飞赴爱尔兰与伦敦，去缔结一种新的情感的延续。

是的，奥黛丽就要做母亲了。

自爱尔兰之行后，一个小生命就在她的腹中落籽，继而安静地成长，让她整个身心都散发着温柔宁和的光辉。

奥黛丽记得昔日她与梅尔在此举办婚礼，曾听过当地的一个传说——据说在远古时期，卢塞恩还只是一个寂寂无闻的小渔村，但它美妙的风光打动了一位浪漫的天使，天使以一束光指引人们在此修建灯塔与教堂，让过往的船只找到航行的方向，让村民得以安顿身心，福佑绵长。

所以在拉丁文里面，卢塞恩又是"光"的意思。

她的孩子，也是她的光，是足以照亮她余生的力量。

1960 年 7 月 17 日，一场罕见的暴雨过后，盛夏的阳光再次露面，在山间蒸腾出蒙蒙的水雾，半空中竟若隐若现地出现了一道彩虹……是为吉兆。

那也是一个值得铭刻的日子——奥黛丽的第一个孩子终于平安来到了这个世界上。

她给孩子起名肖恩，意为"上天的恩赐"。

在卢塞恩的产科诊所，她亲吻着怀中的小婴儿，一颗心甜蜜地战栗着，久久不能平静。从小时候起，她就希望拥有自己的孩子，如今美梦成真，不由得感慨万千。

肖恩就像一个可爱的小天使，健康，强壮，乖巧又漂亮，蜷曲的金发，清澈透亮的眼睛，带着笑意的双唇，皮肤像果冻一样嫩滑……

奥黛丽也像世上所有的新母亲一样，不敢相信臂弯里的小小人儿真的是因自己而来，更不知道要如何小心翼翼地呵护与善待这来之不易的母子缘分。

要如何表述呢？

她只知道，孩子的到来，不仅冲淡了她所身处的现实生活中的一切"荫翳"，就连之前的流产、战争的痛苦、父亲的出走，都可以忽略不计。

每当抚摸着他的脸，闻着他呼吸的芳香，那样的时刻，便感觉叠加世间所有美好的言辞，也不足以诠释在心底满溢开来的喜悦之情。

从产房出来后，奥黛丽请梅尔将第一封报喜的电报发给休姆和玛丽——她们曾用积累半生的智慧与爱心，为她腹中的孩子祈福：

"今天下午两点四十，奥黛丽与梅尔喜获麟儿肖恩。"

她们很快回复了电报：

"我们请了七千名善良的天使环绕肖恩，在摇篮边为他洒下一生的福报，真诚地为你们一家感到欢喜。"

肖恩出生后的那段日子，奥黛丽每天都过得非常充实，尽管梅尔常在外地拍戏，但有孩子和小动物们陪伴她，她从不觉得寂寞。

然而，为了孩子的未来，为了给他创造更好的成长环境，奥黛丽必须出门工作，回到好莱坞的镁光灯下，去赚钱，去追逐梦想——她的经纪人那里，关于她复出拍戏的合同早已堆积如山。

三个月后，奥黛丽前往纽约拍摄银幕转型之作《蒂凡尼的早餐》。这一次，她将出演一位高级应召女郎——霍莉·格莱特利。

而一开始，霍莉却是该片的原著作者杜鲁门·卡波特为玛丽莲·梦露量身定制的角色。

"风情万种，性感撩人又兼具可爱气质的金发女郎……玛丽莲完全可以本色出演，"在一次记者招待会上，卡波特对着镜头直言不讳，"至于奥黛丽·赫本，我承认她的演技和实力，我也很喜欢她的优雅与迷人，可惜她根本不适合出演霍莉。"

尽管按照约定，原著作者并没有权利干涉演员的选择，但卡波特的话就像一根刺，戳疼了奥黛丽的傲骨，她告诉弗林斯，她偏要试一试。

她想，一个演员若依靠本色出演是天赋，但能不依靠本色，又获得了认可，才是真正的实力。

在电影中，小镇姑娘露拉美逃婚来到纽约后，化名霍莉·格莱特利，开始了她昼伏夜出的寻梦之路。

她的职业是一名周旋于上流社会的交际花，每当夜幕落下，华灯初上，她就会衣着光鲜地出门，用自己的聪明与美貌换取客人的小费过活。

然而，只要到了黎明时分，一切纸醉金迷的表象都会在晨光下幻灭，身着晚礼服，一身惊艳的她走下出租车后，也只能做一个戴着假珠宝，手捧廉价快餐，在蒂凡尼的橱窗外久久流连，望梅止渴的异乡人。

蒂凡尼，坐落于纽约第五大道的著名珠宝店，也是每一个来纽约追寻梦想的女人的朝圣之地。（奥黛丽记得多年后，她去蒂凡尼取首饰，一位新来的店员礼貌地询问："请问您有什么证件？"她摘下墨镜，对店员优雅一笑："我的脸。"）

在霍莉心里，蒂凡尼不仅是一个宁静、高贵的地方，还是一个神奇的场所，每次当她感到沮丧的时候，就会跳上出租车，到那里的橱窗外看一看，然后又有了好好活下去的力量。

有一天，霍莉的楼上搬来了一名新邻居保罗，他是一个生活窘迫的年轻作家，也是某位富太太包养的情人，两个在大城市夹缝求生的人慢慢靠近，相互了解。只是，他们分明暗生情愫，却又都在心照不宣地维护着那份薄脆的自尊，以及那个跻身上流社会的梦，不肯直视自己的感情。

一次，霍莉问保罗："你会因为我很有钱而和我结婚吗？"

"会的。"保罗笑道，"那么你会因为我很有钱而嫁给我吗？"

"当然！"霍莉也笑起来，"幸好我们都是穷光蛋。"

后来，保罗为了追求霍莉，选择跟情人分手，但霍莉依旧执迷不悟地奔波在社交场上，只为钓得金龟婿。

甚至她被一名巴西富翁无情抛弃，又遭受牵连被关进警察局，保罗花掉所有的积蓄将他保释出来，她的梦都没有彻底清醒。

在出租车上，霍莉依旧想要飞去巴西："不要用这种眼光看着我，我要去巴西，帮我找纽约时报，把巴西前五十位富翁的名单找出来，记住，是前五十位。"

保罗："我不让你这样做。"

霍莉："你不让我？"

保罗："是的，霍莉，我爱你。"

霍莉："那又如何？"

保罗："那又如何？我很爱你。我爱你，你属于我。"

霍莉："不，没有谁属于谁这回事。"

保罗："当然有。"

霍莉："没有人能把我关在笼子里。"

保罗："我不想把你关在笼子里，我只想爱你。"

霍莉："都是一样的。"

保罗："不是的！霍莉。"

"我不是霍莉，也不是露拉美，我不知道我是谁。我就像这只猫咪，没有名字没有归属的可怜虫，我们不属于任何人，我们不属于对方……"霍莉崩溃大哭，说完便把曾经收养的流浪猫扔下了车。

保罗一阵难过："司机，麻烦停车。好吧，无名小姐，你可知道你为何会这样？因为你害怕，你是个胆小鬼，你怕站在阳光下直面一切真相，就是这样。人们相爱，互相属于对方，因为这是获得真正幸福的唯一机会。你自以为野性不羁，却怕别人把你关在笼子里，而你早已经身在笼子里了，是你亲手搭建起来的，它不受地域所限，不管是纽约，还是巴西，或者是任何地方，它都会一直紧随着你，不管你往哪儿去，你总受困于自己……"

保罗的一番话终于唤醒了霍莉，她戴上保罗留下的在蒂凡尼刻过字的戒指，跟着跳下了出租车，同时也走出了内心的"笼子"，与自己钟爱的人一起在大雨中寻找猫咪。

影片的最后，霍莉把猫咪裹在风衣里，与保罗在雨中忘情拥吻，一首《月亮河》也如水波流动，从银幕潺潺溢出，浸透每一个观众的心房，令人回味沉吟，久久不能忘怀。

在电影中，奥黛丽最喜欢的，便是霍莉穿着休闲装，抱着吉他坐在窗台上弹唱《月亮河》的情景。

她记得拍摄的时候，导演布莱克·爱德华兹还担心她的嗓音不够圆润而建议配音，幸而为《月亮河》作曲的亨利·曼西尼给了她莫大的勇气。曼西尼认为奥黛丽的歌喉虽略带沙哑，却有着与众不同的打动人心的浪漫气质，刚好符合霍莉洒脱清纯的一面。

曼西尼告诉奥黛丽："从我见到你的第一刻开始，我就相信，这首歌将会因你的演绎而熠熠生辉。因为没有人会比你更懂得霍莉的内心，以及歌词与旋律中蕴含的感情……"

的确，无论是对爱情的憧憬，还是对回忆的感伤，奥黛丽与霍莉都是同一类人。她也曾经寄居于伦敦的小公寓，为生计和梦想奔波，在深夜独自穿越皮卡迪利大街，其间为爱心碎，也遍尝生活的甘苦，却依旧忍不住在肉身得以休憩的时刻，编织一下未来的模样，渴望寻找一个温暖的港湾。

如此，为了不让曼西尼失望，也为了证明自己的能力，奥黛丽专门请了音乐老师来教她弹唱，经过将近一个月的勤学苦练，"霍莉"的歌声也慢慢呈现出了她想要的状态——感性，慵懒，真挚，充满对真爱的渴望，以及抚慰往昔伤痕的忧伤：

月亮河，不过宽一英里

总有一天，我会遇见你

哦，织梦人，伤心人

无论你去哪里，我都会追随你

两个流浪的人，想去看大千世界

世界广袤又绚丽

我们在同一道彩虹下，隔河相望

我可爱的朋友，月亮河和我

但《月亮河》最后能够被观众在电影中听到，而且获得音乐格莱美奖，不仅要感谢曼西尼的鼓励，还要感谢奥黛丽自己的坚持。

1961 年春天，派拉蒙的制片主管马丁·赖金听过这首歌之后，下令一定要剪掉。

"除非我死。"奥黛丽说。那一刻，她觉得自己在守护霍莉的梦想。

僵持了许多后，马丁拂袖而去——但歌还是幸存了下来。

几个月后，《蒂凡尼的早餐》上映，那个霍莉弹唱《月亮河》，然后抬头对着楼上的保罗温柔一笑的场景，果然成了许多影迷心中的白月光。

人们透过霍莉的歌声，看到了她美好的本质，便懂得了她貌似光鲜、虚荣、玩世不恭的表象之下，漂泊无依的艰难与辛酸，也就原谅了她对物质的贪婪，还有道德上的不完美。

影片成功了，多年后，依旧被人称作好莱坞的票房神话。

影评杂志的好评接踵而至——"优雅的赫本原来也可以这般性感风情……""奥黛丽·赫本对霍莉的演绎，前无古人，后无来者。丰富的阅历，心灵的历练，以及纯熟的演技，她贡献了自己的完美表现"……

不久后，奥黛丽又因此获得了第四次的奥斯卡金像奖最佳女主角提名和意大利的金像奖。

在罗马领奖时，总统安东尼奥·塞尼曾邀奥黛丽共进午餐。席间，塞尼告诉奥黛丽，那首《月亮河》曾让他心醉神迷……

除此之外，奥黛丽戴着墨镜，身着纪梵希小黑裙，手持长烟斗的银幕形象，也成为影迷心中不可复制的经典，以及一名演员用实力成就的流金岁月。

报纸上称奥黛丽——"时尚皇后""高雅与性感的化身"……

但在奥黛丽心里，那些职业之外的标签、赞誉和礼遇，都不及观众们口耳相传的那一句——"初为人母的奥黛丽·赫本，一位漂亮的实力派。"

PART 5

亲善大使

美是天赋，爱是能力，而善是选择

女人的美丽必定是从她的眼睛中流露出来的，因为那是通往心灵深处的入口，那是爱居住的地方。

——奥黛丽·赫本

她的一颗心就像是被人踩过一样，她可以选择原谅，选择理解，却不能选择遗忘，因为只要她捡起来，就会看到心上已经留下了一个脚印，很久很久都无法擦拭掉。

24

她心上的那一个脚印

"我真的爱你。我爱你。我恨你的婚姻……除了你以外，我从未对任何人有过那样的情愫。我想，这就是一直以来，我无法对男人心动的原因……我已经毁了你的人生，也毁了自己的人生，我已经病了，再也无法忍受自己了。"

同性主题电影《双姝怨》中，被人恶意诬告后，认清了自身情感真相的玛莎站在卡伦面前，满目深情，字字悲怆。

在她所处的那个年代，同性恋曾被所有人视为"洪水猛兽"，足以摧毁当事人的一切。

就连她自己都无法接受。

最后，在巨大的精神压力下，她只能选择自杀。

爱比火更热。

爱比死更冷。

时隔多年，尽管观众依旧对这部特别的影片褒贬不一，而在拍摄的过程中，奥黛丽也曾有过一段很痛楚的记忆，但不论是站在一个演员的立场，还是对一个女人来说，奥黛丽都从未后悔过出演《双姝怨》。

《双姝怨》根据19世纪初的一起新闻事件改编：

在英格兰的一所寄宿学校，一名厌学的孩子为了逃离学校的管制，竟不惜捏造了两位女教师是同性恋的谎言。很快，谎言便迅速蔓延，一时满城风雨，家长避之不及，学生纷纷转校，最后导致两位当事人一人自杀，另一人则被退婚，继而背负伤害远走异乡……

该片由威廉·惠勒执导——多年前，奥黛丽与惠勒曾合作过《罗马假日》，所以当惠勒邀请奥黛丽出演卡伦一角时，她几乎没有犹豫就答应了。

奥黛丽知道，继出演应召女郎霍莉之后，这又将是一个大胆的尝试。

但相比拓宽戏路，她更希望可以走进卡伦的情感世界，去体验卡伦每一个细微情绪的变化，比如日常中与玛莎相处的快乐，一个发自肺腑的微笑，失去玛莎后，一个绝望的眼神，无声的崩溃……那些，都是一个女人的心灵暗河中的珍珠与礁石。

卡伦性格内敛，沉静温柔，对玛莎爱而不自知，直到玛莎身故，她痛断肝肠才明白，多年以来她们之间的"相濡以沫"，早已跨越了友情的界限，渗透了情感的土壤。

世间有那么多的男欢女爱，如夜空中的流星滑落深海，化作粼粼水波消失不见，也有那么多的同性之爱，像根植于原野的草籽，年年岁岁，向阳而生。

但在爱的领域里，她们却没有选择性向的自由。

她们的自由已经被旁人异样的眼光和自己内心的罪恶感杀死了，就像世间每一份同性之爱，所要承受的都远比外人想象的更为沉重艰难。

然而就在奥黛丽想要对婚姻愈加珍惜的时候——毕竟他们两情相悦，且被世人祝福，不得不说，已是一种莫大的幸运……她的爱人却给了她迎头一击。

《双姝怨》拍摄期间，奥黛丽一度不敢回酒店，因为有杂志拍到了梅尔与其他影视新秀的花边新闻，每天酒店门外都会有大批蹲点守候的记者，想尽一切办法对她旁敲侧击："请问赫本小姐，你对费勒先生的新闻有什么看法？""请问赫本小姐，您认为事业更重要，还是家庭更重要？""请问您的婚姻是不是出现了裂痕？"……

通常她都会选择避而不答，然后在保镖的护送下匆匆穿过酒店大堂。

只有在一个人的时候，她才敢黯然神伤，心痛不已。

她不知道，从生物学的角度来说，感觉如果可以量化，那么同等剂量的痛苦是不是要比同等剂量的甜蜜更为深刻。

是的，在旁人眼里，梅尔一直被奥黛丽的名气所累，但在那些新秀面前，他依然是影视圈不可多得的巨星，举止优雅，才华横溢，有着无尽的吸引力……就像杂志上，他与其他女子在一起的表情——发自内心的自信，快乐，光芒熠熠。

而她的一颗心就像是被人踩过一样，她可以选择原谅，选择理解，却不能选择遗忘，因为只要她捡起来，就会看到心上已经留下了一个脚印，很久很久都无法擦拭掉。

怎料祸不单行。

就在电影杀青前不久，奥黛丽最爱的小狗又遭遇了车祸。在剧组外面的日落大道，它被一辆疾驰而过的小汽车撞倒了，看着它小小的身体躺在了血泊当中，她尖叫着跑过去，但也已经来不及了。它走了，永远地闭上了眼睛。

1961 年的秋天，再厚实的衣物也掩饰不了奥黛丽的憔悴。

幸而有肖恩。

回到瑞士后，她将肖恩抱在怀里，听他乳声乳气地喊着"妈妈"，香甜的气息扑面而来，她仿佛又拥有了全世界。

如果从此之后再不用为生计奔波，她真宁愿一辈子都这样度过，与孩子在一起，享受并见证他成长的每一个瞬间。

但到了 1962 年的夏天，她又必须离开瑞士，去好莱坞履行一个演员的职责。

接下来她将出演两部电影：《巴黎假期》与《谜中谜》。

首先是《巴黎假期》。

为了偿还之前所欠派拉蒙的片约，奥黛丽只能勉为其难地签下意向书——自此之后，她便是自由身，尽可选择出演自己喜欢的角色。

于是，相隔十年，奥黛丽又一次在戏中与威廉·霍尔登成为情侣，霍尔登饰演一名作家，奥黛丽是霍尔登聘请的打字员。在巴黎，他们将上演一出滑稽荒诞的爱情喜剧。

然而，昔日在《龙凤配》中产生的默契与情意，早已随着时间的推移，在他们之间化作云烟。不仅剧情和表演都不尽人意，霍尔登的一些言行也给奥黛丽的记忆留下了尴尬的一笔。

比如在拍摄过程中，霍尔登会假戏真做地对着奥黛丽的耳朵说"希望与奥黛丽再续前缘""这些年我对你念念不忘"，而当奥黛丽正色告诉他"你台词念错了"的时候，霍尔登就会指着镜头挑眉一笑，"亲爱的，你表情不对哦"。

比如有一次，霍尔登喝多了酒，竟然爬上了奥黛丽窗外的大树，待奥黛丽听到声音走到窗边后，对其强行一吻。

《巴黎假期》上映后，也是差评居多："好莱坞的流水线产品，很失望""男女主角都神情恍惚，不在状态"……

通常，奥黛丽都有收藏剧照的习惯——放眼她的整个演艺生涯，无论是默默无闻的时期，还是璀璨辉煌的时刻，她都会给自己留下一点纪念，用以回望与自省。

但唯有《巴黎假期》，她不愿提及，也没有收藏任何属于它的东西。

再是《谜中谜》。

由《甜姐儿》的导演斯坦利·多南执导的悬疑片，增添了爱情与喜剧的成分，剧情构思巧妙一如片名，悬念丛生，环环相扣，令人拍案叫绝：

法国境内的阿尔卑斯山脉下，一名穿着光鲜的美国少妇在露天餐厅大快朵颐，而离她不远处，一把手枪正慢慢从遮阳伞下探出，枪口对准了她的脸……但就在观众为她倒吸一口凉气时，手枪扣动了扳机，一股水柱喷到她的脸上，遮阳伞后一个小男孩带着恶作剧得逞的笑意走了出来……

接着，少妇与小男孩妈妈的一段谈话正式为影片拉开了序幕：

"雷吉娜，在你开始这样吃东西的时候，就一定有什么重要的事发生了。"

"西维亚，我要离婚了。"

"什么？和查尔斯离婚吗？"

"是的。他是我唯一的丈夫，我试图挽回，我已经努力了，但是……"

"但是什么？"

"我也解释不清。我太痛苦了，我不想再这样拖延下去了。"

奥黛丽在片中饰演的角色，便是少妇雷吉娜，一个俏皮、聪慧、勇敢的女人。

就在她下定决心回家去跟丈夫离婚时，却发现家中被洗劫一空，丈夫也已经遇害……紧接着，一个个未知的谜团，伴随四伏的危机，又接连不断地向她袭来。

好在有英雄及时救美，助她一路化险为夷，在时而轻松、时而惊悚的情节交织中，真相水落石出，她也收获了真爱。

值得一提的是，《谜中谜》的男主角正是与奥黛丽数度擦肩的加里·格兰特。

当初，格兰特因为年龄的问题，先后婉拒过《罗马假日》及《龙凤配》，如今机缘巧合，他们终于可以用搭档的身份出演彼此喜欢的影片。

与剧中的人物设定一样，格兰特本人也是一位智慧儒雅的绅士。

比如在第一次见面的时候，奥黛丽不小心把红酒倒在了他的西装上，但他丝毫没有生气，而是泰然一笑，迅速脱下弄脏的衣服，交与服务员清洗，然后穿着衬衫与佳人一起进餐。

在拍摄的过程中，格兰特也会非常耐心地引导奥黛丽的状态，教奥黛丽如何放松，如何发掘最好的自己。可以说，是格兰特幽默的个性，唤醒了她在《谜中谜》里面所有的喜剧天赋。

后来，他们凭借此片一起赢得了金球奖的提名，奥黛丽还另获了英国电影电视学院颁发的最佳女主角奖——领奖时，格兰特是奥黛丽第一个感谢的人。

的确，在格兰特身上，奥黛丽似乎又找到了当初与派克一起搭戏的感觉，默契，融洽，如沐春风。

然而奥黛丽戏外的生活，却是秋风萧瑟，冷若霜天。

那段时间，因为很多镜头都是夜景，工作经常要进行到深夜，奥黛丽只能就近入住在拉斐尔酒店，但很快，无孔不入的记者们就发现来到巴黎的梅尔并未和奥黛丽住在同一家酒店。

于是，"奥黛丽·赫本与梅尔·费勒疑似分居"的传言便在花边杂志上愈演愈烈。

甚至，到了《谜中谜》上映的时候，雷吉娜与西维亚的那段对话，也被人模拟成了奥黛丽与梅尔之间的情感状态，为奥黛丽对号入座："我试图挽回，我已经努力了……我太痛苦了，我不想再拖延下去了……"

事实上，夫妻俩并未分居，梅尔不过是因为工作的原因入住他处。他依旧是奥黛丽深爱的人。他会在空闲的时候来剧组探班，奥黛丽也打算在新的一年里放下工作，带着肖恩去陪他拍戏。

但奥黛丽的确感到了痛苦，他们的关系出现了无法弥补的裂痕，实在非人心所愿。

通常，只有在抱着肖恩的时候，她才不会觉得孤单与失望，那种满足感早已越过了婚姻的模式，也实在非好莱坞的灯光与奖项所能比拟。

但很明显，对于她的丈夫来说，这一切还远远不够。

尽管他的事业一直在走下坡路，他也从未想过要放弃，并时时渴望东山再起。

对于"奥黛丽·赫本的丈夫"这一称呼，他一直有着本能的抗拒。

甚至，对于一些小制片商费尽周折地接近他，只为以他为桥来邀请奥黛丽合作，他更是厌恶至极。

或许，也曾有过许多的不为人知的心酸与懊恼。

而那样的懊恼，足以让一个人在婚姻里画地为牢。

便难免自成困兽，伤人误己……

无论以后的路通往何处，她都
希望自己可以保持独立、自由、善良、
智慧、温柔与坚韧，守护好灵魂的
朴素与高贵，不向任何强加于身的
事物低头，也不用美貌去交换任何
不属于自己的东西。

25

窈窕淑女：百万美金的女主角

1963 年 5 月底，奥黛丽带着肖恩抵达洛杉矶，入住华纳兄弟公司给他们租下的别墅，为电影版《窈窕淑女》做准备。

别墅位于科德沃峡谷中，那里安保措施一流，空气又清新，肖恩非常喜欢去附近的小溪边玩耍。经常，奥黛丽站在初夏的深浓绿荫下，望着可亲的溪水、可爱的小儿，仿佛日光下的一切都让人充满了美好的期许。

早在 1956 年，音乐剧《窈窕淑女》在纽约上演的时候奥黛丽就对"卖花女伊莱莎"一角心生所向，念念不忘。

该剧由萧伯纳的小说《卖花女》（Pygmalion）改编，讲述一个贫穷的卖花姑娘被人改造成名门淑女的故事。

Pygmalion，即皮格马利翁，古希腊神话中的塞浦路斯国王，同时也是一位雕刻大师和不婚主义者——因为任何一个凡间女子都不能打动他的心。

于是，皮格马利翁用自己神奇的技艺打造出了一座少女雕像，对雕像赋予生命中全部的热情、爱恋、理想与期望，给"她"穿衣，梳洗，装扮，爱抚，又给"她"起名伽拉泰亚，每天对着天神虔诚祈祷，希望伽拉泰亚可以成为他现实中的妻子。

后来，皮格马利翁的执着终于打动了爱神。一天，他从睡梦中醒来，伽拉泰亚已经变成了真正的少女，躺在了他的身边……

而在《窈窕淑女》中，这位皮格马利翁成了一位语言学教授希金斯，伽拉泰亚化作了卖花姑娘伊莱莎，背景则设定在1912年的伦敦，他们之间又将上演一场类似灰姑娘的浪漫爱情童话。

但奥黛丽真正看中的，并非讨巧的"灰姑娘"式的爱情模本，也不是弗林斯为她谈下的当时好莱坞一百一十万美金的最高片酬，而是一个心怀梦想的底层女性从外在到内心发生层层蜕变的过程，最后成长为一名淑女后，折射出来的态度与品格。

如果能够有幸将这一切完美生动地演绎出来，那么无疑是值得用一年的时间来准备，用多年的热情去期待的一件事情。

自然也包括，在竞选女主角的时候，打败一位强劲的对手。

奥黛丽的对手，正是音乐剧《窈窕淑女》中饰演伊莱莎的朱莉·安德鲁斯。

无论是 22 岁的年纪，还是可以与黄莺媲美的歌喉，或者说在百老汇积累的观众缘，与奥黛丽相比，安德鲁斯都占尽优势。

不过在名气和票房号召力上，制片方显然愿意对奥黛丽赋予更多的信心。

为此，一年前，华纳公司专门召开选角会议，令所有的高层都参加投票，慎重选择。最后，奥黛丽以一票之差险胜安德鲁斯，获得了将伊莱莎带往大银幕的那一双"水晶鞋"。

1963 年 8 月，电影《窈窕淑女》正式开拍。

但现实总是这般时时刻刻令人无法预料，就像如愿穿上了"水晶鞋"的灰姑娘，其实并没有按照童话里的结局，幸福地生活下去，而是体验着小美人鱼行走在刀尖上的滋味，从头至尾都是冷暖自知，悲欣交集。

首先，影片的视觉总监塞西尔·比顿为奥黛丽拍下了一组伊莱莎的试妆照片，可以称之为奥黛丽一生中最美的剧照。

"你的嘴唇，你的微笑，以及你的牙齿都是如此迷人，眼神顾盼生辉，如此可爱，真是美得无可挑剔。"

"谢谢塞西尔，是你的才华与追求完美的精神，让我更加自信。"

早在一年前，塞西尔就开始写信与奥黛丽一起探讨伊莱莎遇到希金斯后的每一套服装、每一个细节。

如果说《罗马假日》里的安妮公主像冰激凌一般甜美动人，《蒂凡尼的早餐》里的霍莉像精灵一般俏丽多变，那么《窈窕淑女》里蜕变成功的伊莱莎就是优雅的化身，像寒风中绽放的花朵，从内而外都散发着灵魂的幽香，每一张剧照都可以当作艺术品收藏。

但同时拍摄的，还有一组奥黛丽一生中最丑的剧照。

为了符合伊莱莎遇到希金斯教授之前的卖花女设定——"粗鄙，邋遢，一个乡下的野丫头"，道具师给奥黛丽找了一顶沾满灰尘的水手草帽，还有一件"泛着非自然的灰老鼠色泽"的粗呢大衣，再搭配上一条粗布围裙……可似乎还是缺了点什么。

"请您帮奥黛丽拿一袋泥土来。"奥黛丽对道具师说道。

接着，奥黛丽像对待杂草一样搓乱了自己的头发，又在指甲、脸上、耳后、衣领处都涂满泥土，再请求化妆师撤掉眼影和睫毛膏……在高达四十几度高温的摄影棚里，汗液很快让身体上的泥土变成了污垢，加上黏在额角的乱糟糟的头发，以及流露出粗俗的傲慢的眼睛，她的卖花女形象终于到位了。

塞西尔马上用镜头为她记录下了那一幕，而那组"最让人意想不到的奥黛丽·赫本"登上杂志后，竟一度卖到脱销。

然后，是酣畅淋漓的表演和刻苦的发声练习。

《窈窕淑女》是一部歌舞电影，类型与《甜姐儿》有着异曲同工之妙，都可以让奥黛丽与仰慕的演员合作，踏着欢快的舞步，情绪肆意飞扬，可谓过足了戏瘾。而且这一次，出演希金斯教授一角的人正是昔日安德鲁斯的搭档，音乐剧版《窈窕淑女》的男主角——雷克斯·哈里森。

雷克斯比奥黛丽大 21 岁，是一位温和睿智的长者，尽管在戏中他们饰演的是一对欢喜冤家。

希金斯教授在伦敦街头遇到伊莱莎后即与人打赌，只要给他半年的时间，他就可以将野丫头训练成优雅的淑女，到时候让她以贵族的身份去参加大使馆的晚宴，如果没有人识破，那么他就赢了这一局。

于是，他开始按照自己的期待"雕琢"她，从最简单的字母发音开始，因为在那个时代，语言才是一个人无法伪装的阶层标志。他在她身上付出了全部的精力和热情，但也严格到无以复加。

六个月后，身穿一袭皇家礼服，佩戴璀璨钻石的伊莱莎如约亮相大使晚宴，一如女神降临，倾倒众生。所有人都相信，她就是无可挑剔的"匈牙利公主"和一位真正的窈窕淑女。

希金斯教授成功了。

但就在这个时候，他才猛然发现，他这个视女人为猛兽的顽固的不婚主义者，居然已经在不知不觉间爱上了他的"作品"……

奥黛丽记得有一场戏，是希金斯教授为了训练出伊莱莎的圆润口音，要求她在口中含上几颗弹珠再朗读诗歌，并且必须字正腔圆。

当时，导演提议将含弹珠和朗读的镜头分开来录，但为了达到更自然的效果，奥黛丽决定一直含着弹珠朗读。结果，就像电影上映后观众所看到的那样，奥黛丽（伊莱莎）真的吞下了一颗。

伊莱莎："我吞下了一颗！"

希金斯："没关系，我还有很多颗！"

而那颗弹珠也让她的肠胃吃了好几天的苦头。

还有一次，需要伊莱莎在戏中一露歌喉，奥黛丽有些紧张，久久难以入戏，雷克斯轻声鼓励奥黛丽："每个人身上都有别人取代不了的光芒，你已经足够努力了，只需放轻松一点。"

遗憾的是，在影片的制作后期，奥黛丽所有的歌声都被别人取代了。

没有人知道，为了达到自身最好的状态，她在将近一年半的时间里，每天坚持吊嗓，接受声乐老师的指导，默默付出过多少汗水，流过多少眼泪，走过多少心灵的沼泽，经历过多少情绪的煎熬。

为了让伊莱莎的歌声臻于完美，华纳兄弟公司邀请了歌手玛尼·尼克松，替换了奥黛丽在戏中所唱的全部歌曲。

而奥黛丽，也只能原谅制片方所谓的"顾全大局"。

只是，制片方并不知道，有时候，这世间的真实情感会比完美更可贵。

奥黛丽所演绎的伊莱莎，歌喉虽然不够高亢清亮，但每一句歌词都融合了她的每一个细微的动作、表情，以及情感的起伏。奥黛丽一定希望在剔除了画面之后，观众仅凭声音，也能分辨、想象出一个有血有肉的伊莱莎。因为她的声音早已与奥黛丽的表演融为一体，是一份属于她（奥黛丽）的独特的气质。

最后，临近杀青的时候，奥黛丽的结婚钻戒又在更衣室里不翼而飞。

她一阵心慌。

她不知道，婚戒突然丢失，会不会给她和梅尔的婚姻带来什么不好的征兆。

1964 年，《窈窕淑女》上映，全城一票难求。

不久后，该片又赢得了包括第三十七届奥斯卡最佳影片奖在内的八项大奖。

除了，最佳女主角奖。

为影片及各位好友欣慰之余，奥黛丽的确有过一丝怅然。

就像一位评论员说的那样："奥黛丽·赫本的表演再完美无瑕，也没有人会把票投给一个需要配音的歌舞电影女主角……"

但悲欣过后，最终还是释然。

奥黛丽不仅应邀参加了该届奥斯卡颁奖典礼，还大方向安德鲁斯送上她的祝福——当时，安德鲁斯以《欢乐满人间》一片获得了奥斯卡最佳女主角的金像奖。

既已尽力，不应有憾。

因为出演《窈窕淑女》，除了得到观众的认可之外，她还收获了在电影中所认识到的淑女品格。

真正的淑女品格，不是拥有的多不多，而是坚守的够不够。

这同样是千金不换的珍宝，是将她照亮的光。

伊莱莎虽然出身寒微，但她始终坚守着内心的尊严和高贵，不被困境改变，也不在顺境中迷失。

观望自身，奥黛丽也希望自己永远不要成为自己所讨厌的那种人。

无论以后的路通往何处，她都希望自己可以保持独立、自由、善良、智慧、温柔与坚韧，守护好灵魂的朴素与高贵，不向任何强加于身的事物低头，也不用美貌去交换任何不属于自己的东西。

心如赤子，永志不忘。

如果她的婚姻能够始终如一，她的精神没有经历这些磨难，那么她的生活中就只有宁静的夜晚。但现在，她相信黎明马上就要到来了。

26

和平之邸的主人：爱恨散尽，随风成尘

奥黛丽曾说自己永远也忘不了，第一次见到"和平之邸"的心情。

就像一段静止的辰光在眼前慢慢晕开，梦幻，温暖，甘甜，柔软……来自春天的清新香气熨帖全身，继而溢满灵魂的每一处空隙。

那是 1965 年的 3 月，他们一家三口带上三明治，在暖瓶里灌满热乎乎的奶茶，然后乘坐小火车，绕过日内瓦湖，沿着阿尔卑斯山脉前行，去洛桑寻找新的住所。

时间匆匆流逝，转瞬间肖恩便到了即将上小学的年龄。但是，因为之前居住的卢塞恩小镇属于德语区，而奥黛丽希望肖恩以后可以在法语区上学，所以只能另觅家园。

中途，一家人来到了洛桑附近的特洛什纳，最终在一座18世纪的古老农庄面前停下了脚步。

只见满园繁花掩映着房屋，碧绿的藤蔓从围墙爬上了房顶，鸟鸣清脆婉转，阳光暖融融地倾泻，花枝投下婀娜的影子，清风扑面而来，香息萦绕在鼻翼上，久久不散，还有远处隐约传来的牛铃声，带给内心无尽的安宁，以及推开窗子即可看到的蓝天与雪山，也美得那般令人窒息……

那一刻，奥黛丽仿佛回到了布鲁塞尔的童年，回到了那些灯光与音乐相伴的温柔夜晚，回到了蝴蝶在身体里起舞的美好日子。

"就是这里了！"奥黛丽对自己说道，"无论如何，我一定要买下它。"

她给它取名"和平之邸"，以慰藉她生命中那段兵荒马乱的岁月，那道最深的伤痕，也为了日后的那个爱的心愿。

尽管买下它花费了一万二千五百英镑，但奥黛丽依然满心欢喜，觉得无比幸运。毕竟这世间有那么多的事物，不可以用金钱去衡量。

比如和平之邸对她的意义。

比如，她与纪梵希之间的感情。

可惜，并不是每一个人都能明白。

自"禁忌"问世以来，奥黛丽就是那款香水最好的代言人，她的照片也一直被挂在纪梵希的门店里，向所有的顾客"诉说"着他们之间的情意与永恒。

有一天，梅尔居然私下找到罗杰斯，令他去找纪梵希收取广告费用："奥黛丽在纪梵希那里定制衣服，购买香水，从不赊欠一分钱，而他的香水如此畅销，又怎少得了奥黛丽的加持？他难道不应该为此支付酬劳吗？"

罗杰斯硬着头皮去了。

纪梵希毫不犹豫地答应了他的请求。

几天后，罗杰斯决定不再向奥黛丽隐瞒，他告诉奥黛丽事情的全部原委，声称不想再受任何"奇怪"的指派，也不愿再受内心的谴责。

奥黛丽震惊极了，紧接着，便是无法平息的心痛与失望，她不明白她的丈夫为何要多此一举。她想即使有一天，她穷到没有一分钱，也不会用这样的方式去亵渎她与纪梵希之间纯洁的感情。

她立即打电话给纪梵希，内疚得差点要哭出来："休伯特，关于'禁忌'的事情，我想有必要跟你解释一下……"

怎料话刚说出口，纪梵希便察觉到了她的情绪，他用他温柔的声音很快化解了她的尴尬："亲爱的，我们之间不需要任何解释。"

但罗杰斯还是辞职了。

而在生活中，他们依旧是一对知心朋友。

只是多年后，他们在电话里倾心长谈，对于彼时罗杰斯辞职一事，她表示非常遗憾，罗杰斯也不免委屈地说道："如果你当时可以解雇你的丈夫，我一定会选择留下来……当然，我不能让你为难。"

是的，奥黛丽不能解雇她的丈夫。

她甚至还会想方设法地修复夫妻之间的关系。她一直认为，两个人既然选择了结婚，就应该一起排除万难，相伴到生命的最终。

更重要的是，她想给肖恩一个完整的家。

罗杰斯辞职后，奥黛丽再也没有聘请新的公关先生。

一方面是因为没有人能够代替罗杰斯在她心里的那个位置；另一方面，也是因为她买下和平之邸后，已经有了息影的初步打算。

她真的很喜欢和平之邸的安静的乡村时光，她也很想把逃离好莱坞的镁光灯之后那不可多得的快乐变成无限。所以，只要赚到了一定的片酬，她就会履行安心陪伴肖恩成长的承诺，无微不至地给他爱的关怀，而不是像这些年一样，四处奔波，居无定所，每天只能在深夜收工的时候，借助越洋电话跟他说晚安。

她认为母亲这个职业，丝毫不会比演员来得简单。

但不可否认的是，在事业上，她的确失去了一位得力助手。

那么在婚姻中，她又失去了什么？

她不知道。

她只知道，不管她如何努力，她和丈夫的关系都不再恩爱如初。

她的丈夫分明离她只有咫尺之遥，她却时常闻到空气凝固的味道。而每次辗转听到来自好莱坞的关于他的花边消息，她都如坠深渊，心底像是被砸出了一个大洞，一到夜间便风声鹤唳。

1965 年 8 月，奥黛丽赴巴黎拍摄《偷龙转凤》，导演是她的老朋友威廉·惠勒，纪梵希则为她提供了所有的戏服。

一个月前，她在和平之邸读完了这部戏的剧本，被欢乐而不失巧妙的剧情所打动。在片中，她饰演出生在巴黎收藏世家的美丽女子妮可·伯纳特，在一次艺术品展览会上，妮可的父亲以赝品参展而被侦探盯上，为了挽救家族的名誉，帮助父亲渡过难关，妮可决定聘请一名神偷去将赝品偷走。为此，他们制作了周密的合作计划。但就在行窃的过程中，妮可发现自己爱上了风度翩翩的神偷，而最后神偷的真实身份又让她瞠目结舌……

显然，拍摄《偷龙转凤》要比《窈窕淑女》轻松得多。

除了剧本符合口味，与导演之间充满默契，男主角的饰演者——英国演员彼得·奥图尔也功不可没，他幽默风趣的性格就像炎炎夏日里一杯美妙的鸡尾酒。

四个月后，《偷龙转凤》杀青，梅尔来接奥黛丽。在和平之邸，他们与肖恩一起度过了一个看似温馨的亲子圣诞节。

是夜，戴着鲜红的圣诞帽，坐在壁炉边品尝甜点，给远方的亲人写信，她几乎有了一种错觉，她的生活，从未经历过波折与磨难。

不久后，她发现自己又怀孕了。

抱着肖恩，她不禁喜极而泣——这些年来，她一直渴望为肖恩添一个妹妹或弟弟。

然而天不遂人愿，就在 1966 年的早春，她再度流产。

又是一段以泪洗面的日子。

她感觉那个在婚姻中，她一直想要苦苦抓紧的东西，已经彻底离她远去了。

一直到是年 4 月，和平之邸的果树花朵皆已怒放，她才有力气写信给父亲——这些年，父亲一直是她的树洞：

"春天的新草茂盛无比，金凤花和酢浆草点缀其中，那么美丽……郁金香如约开放了，紫藤也爬上了墙头，整个新家都是如此梦幻。我的身体好多了，每天都会晒一晒灿烂的阳光，呼吸新鲜空气，在大自然的恩泽下，我的悲伤也一点点地被稀释。接下来，我会外出工作，新接的影片是斯坦利·多南的《俪人行》……希望一切顺利。"

只是她没有想到，这部她希望一切顺利的影片，竟然会是压垮她婚姻的最后一根稻草。

"婚姻就是女人让男人脱掉他的睡衣，然后将衣服送去洗衣店。"

"在如此充满情调的餐厅，是什么人可以坐着相对无言？——当然是夫妻。"

《俪人行》的台词处处充满了愤世嫉俗的尖锐，就像一根针，挑破了多数婚姻的假象。

在影片中，一对结婚十二年的夫妻，生活一地鸡毛，婚姻形同躯壳，曾经恋爱时的激情早已随着时间的流逝而消失殆尽。为了挽救岌岌可危的婚姻，他们选择了长途旅行，最后在旅途中，一点点找回了他们亲手遗弃的浪漫与爱情。

这一次，奥黛丽的搭档是小她 6 岁的阿尔伯特·芬尼，一个笑容明朗的大男孩，个性随和，善解人意，在剧组，他们相处得非常融洽。

他们收工后，经常相约去蔚蓝海岸散步，晚霞涌动，海水在霞光下呈现出丝绸的质感，天地之间都溢满柔情。

她仿佛又回到了青春年代，自信，快乐，整个人都变得容光焕发。

芬尼告诉她，是她的魅力让他模糊了现实与电影的界限，就像一场美丽的梦，真希望永远不要醒来。

而她也发现，只要是芬尼不在她身边的时候，她就会想念他。

她想，她已经爱上了芬尼。

不久后，一张狗仔偷拍的照片就登上了八卦杂志的封面，并附内文："电影皇后奥黛丽·赫本与阿尔伯特·芬尼假戏真做，在蔚蓝海岸相拥而吻，难舍难分……"

一石激起千层浪。

梅尔勃然大怒："如果你与芬尼不终止关系，那么你将永远失去肖恩。"

作为奥黛丽曾经的枕边人，果然明白妻子的软肋，也果然一击即中。

如此，《俪人行》尚未结束，奥黛丽和芬尼的关系已戛然而止。

在接下来的戏份里，她只要一完成当天的工作，就会把自己关在房间里，拒绝任何人探访。

她需要安静地修复心伤。

尽管她与芬尼之间并不是天崩地裂、海枯石烂的感情，但挥剑斩情丝，依旧自损三千。

需要精神自剖。

她明白自己成年后，无论是恋爱，还是置身婚姻深处，内心里都一直存在着"爱人会离我而去"的担忧。

而一个人最怕失去和改变的，永远又是最为珍视的东西，就像我们在穿越街道时，会情不自禁地左顾右盼，是因为我们害怕被撞到。但是，我们还是要穿越街道，它是目的，也是本能。

需要审慎地做出，人生中那个无比重大的决定——与梅尔协议离婚。

她也终于知晓，离婚并不可怕，可怕的是爱情的枯萎和变质。

奥黛丽在信中告诉父亲：

"如果我的婚姻能够始终如一，我的精神没有经历这些磨难，那么我的生活中就只有宁静的夜晚。但现在，我相信黎明马上就要到来了。"

《俪人行》上映后，奥黛丽在片中的表现获得了观众的一致认可，有评论员写道："真不敢相信，奥黛丽能将婚姻中的酸甜苦辣，情感转变，演绎得如此生动与深刻……犹如一位银幕上的心灵刻画师。"

真是无尽唏嘘。

没有人知道，在这生动与深刻的背后，奥黛丽曾付出过多少心碎的代价。

当然，哲人早就说过，在这个世界上，有四样东西，信任、关系、诺言和心，它们破碎的时候，会异常痛苦，却不会发出任何声音。

1967 年 1 月，奥黛丽与梅尔的婚姻已经走到了尾声——半年后，他们就各自通过弗林斯发出了分居声明，同时正式协议离婚。

而彼时他们之间合作的《盲女惊魂记》，却才刚刚开始。

这部电影的合约早在两年前就已经签好，由奥黛丽担任女主角，梅尔担任制片人，导演则是奥黛丽多年前的故友——泰伦斯·杨。

人生倏尔二十年，如今，杨真的成了电影导演，而奥黛丽阴错阳差，竟也成了电影明星。可见，一旦踏足命运这条隐秘的河流，你就永远不知道，下一步是浅滩还是激流。

《盲女惊魂记》讲述的是一个盲女在家中与毒贩斗智斗勇的故事，有非常出彩的内心戏。

为此，在电影开拍之前，奥黛丽专门去洛桑的盲人学校住了一段时间，用黑布蒙上眼睛，像一名真正的盲人那样跟着老师学习生活的技能，练习其他感官的敏锐度，比如出门时通过行人的脚步声辨别方向，在家里通过水蒸气的温度感知水位……

刚开始的那几天，奥黛丽的身上到处都是磕碰的瘀青，但随着课程的深入和时间的推移，她已经越来越习惯生活在一片没有光亮的世界里。

所以在电影中，面对穷凶极恶的毒贩，盲女才会急中生智，给自己制造了有利的形势，先打碎家里的灯泡，再切断电源，然后让毒贩彻底陷入黑暗。最后，凭借智慧和胆识，她不仅保全了自己，还将毒贩绳之以法，并送交了警察。

奥黛丽的努力没有白费。

一年后，凭借盲女一角，她不仅获得了第五次奥斯卡提名和"真实自然，演技一流"的评价，还将三百万美金的片酬及票房分红收入囊中。

她终于可以息影了。

1968 年的春天，奥黛丽以和平之邸主人的身份邀请母亲埃拉前来同住——这些年来，埃拉一直住在旧金山，投身于公益事业，做一些募捐工作，也帮助越战老兵转业：

"我与梅尔的关系已经彻底结束了。现在，我每天陪伴肖恩，用园子里的蔬菜制作美食，欣赏四周的绿树、花草和蓝天，还有与我的小狗们（哦，我可爱的小汉堡们）一起去山野间散步，在这个鲜花盛开的地方，我真的非常期待与您一起分享亲情与宁静。"

几天后，她便与梅尔签下了离婚协议。

一切都很平静。

她没有流泪，一颗心大痛之后，只觉得疲惫。

今夕何夕，见此良人，明夕何夕，君已陌路。

从相识到分离，十五年的爱恨痴缠掠过心头，犹如一场大梦。

梦醒时分，终是往事散尽，随风成尘。

27

那一年，少年心事，胜过皎洁月光

1968 年夏，奥黛丽遇见安德烈·多蒂。

当时，应意大利奥林匹娅公主的邀请，他们一起乘坐"卡利斯托号"前往希腊爱琴海度假。

在一座风景静美的小岛上，始料未及的，安德烈向她表白，他已经爱了她十六年。

十六年前，《罗马假日》在意大利首映，一夜之间，安妮公主的魅力倾倒众生。其中有一个 14 岁的少年，他告诉妈妈："等我长大之后，就要把奥黛丽·赫本娶回家。"

他收集了她所有的海报，对她的每一部作品如数家珍，知道她喜欢金叶香烟，喜欢小动物，对巧克力有独特的偏好。

有一次，为了可以远远地在人群中看她一眼，他甚至不惜对老师撒谎而逃课。

他深深地迷恋着她的一切。

后来，他慢慢长大，大学毕业后成了一名心理医生，并被聘为罗马大学的教授。同时，他也在报纸上看着她恋爱，结婚，生子……看着她频繁出现在罗马，为新上映的电影做宣传……每一次，他都在忍受着爱意与嫉妒的折磨。

这些年，他也经历过无数的女人——他风趣，英俊，不拘小节，医生加伯爵的身份，总能让他在上流社交圈里如鱼得水。但还从未有人走进过他的生活，带给他14岁那年第一次在银幕上见到她的那种强烈的心灵悸动。

那么现在，她已经离婚，他再也不需要用任何理由来束缚自己的情感。

"可以接受我对你的爱吗？"

安德烈望着奥黛丽，眼神虔诚，年轻的脸庞上又写满温柔与热切。

那一刻，环绕小岛的海水仿佛也被情意酿成了香醇的葡萄酒，在夜色中荡漾。酒不醉人人自醉，她闭上眼睛，心弦依然一阵颤动，似乎听到时间沙漏倾覆的声音，天空中烟火绽放，如神迹降临，唯有往昔的少年心事，胜过皎洁月光。

幸福来得如此突然。

奥黛丽是个天性浪漫的女人，尽管经历了一次失败的婚姻，但她始终相信爱情，渴望爱情。

她只是没有想到，她曾在银幕上演绎过那么多虚构的故事，有一天，竟也在别人的生命里，担任过这么多年的主角。

从爱琴海回到和平之邸后，她打电话给纪梵希，跟他分享喜悦与担忧：

"亲爱的休伯特，你可能会惊讶，但这是事实，我又恋爱了，非常快乐，就像被丘比特之箭突然击中，毫无招架之力。如果肖恩也能够接受我的新爱人，那么这段恋情，我便再无后顾之忧……"

事实证明，安德烈再次带给了奥黛丽惊喜。

他充满活力，童心飞扬，真心喜欢肖恩，每次放假的时候，他都会带肖恩去打球，骑马，远足……肖恩也愿意对他敞开心扉，他们之间的关系，既像父子，又像兄弟。

而当安德烈把奥黛丽介绍给他母亲——多蔓妮可·多蒂伯爵夫人，以及整个多蒂家族的成员时，他们的友好又让她感受到了久违的家庭的温情。

在厨房，多蔓妮可坚持让奥黛丽叫她多蔓妮可。多蔓妮可只比奥黛丽大 14 岁，她教奥黛丽制作风味十足的意大利美食，声音优雅，富有耐心，眼睛里溢出温柔的光辉。

多蔓妮可说她一直视奥黛丽为家人。

多蔓妮可说安德烈小时候也曾被父亲抛弃，他的成长也曾经历过异常苦涩的时光。

还说他在 14 岁爱上奥黛丽·赫本的故事（与他叙述的版本如出一辙），说他"只会将真正心爱的女人介绍给家族成员"……

总而言之，多蔓妮可的一番话，让奥黛丽彻底放下了内心的防备，而因为成长中有过同样的遭遇，她又对安德烈产生了更深的情感共鸣。

是年平安夜，在罗马的台伯河边，安德烈以一枚宝格丽的钻石戒指向她求婚，承诺永远爱她，呵护她，带给她与肖恩快乐。

台伯河的水波依旧，她泪光闪烁，仿佛安妮公主重回罗马，为当初的爱情圆梦。

1969 年 1 月 18 日，奥黛丽与安德烈在瑞士注册结婚。

因为她才离婚不久，无法在罗马的天主教堂举办婚礼，于是他们选择在特洛什纳举行仪式，为了躲避狗仔，全程私密而低调，但也不失温馨。

纪梵希为她设计了一套粉红色的套裙，柔软贴身，带着少女的浪漫气息，祝她永远被爱意眷顾。

亲友们则环绕在他们的身边，为他们抛撒花瓣，见证每一个幸福的时刻。

如此，奥黛丽成了"多蒂伯爵夫人""多蒂太太"。

奥黛丽喜欢自己的新身份，就像无比期待她和安德烈在罗马的新生活——甘愿脱下明星羽衣，在家相夫教子，洗手做羹汤的普通小妇人的生活。

所以当有人不理解奥黛丽的做法时，奥黛丽如此说道："如果您认为家庭主妇的生活是枯燥无味的，是放弃了自我而做出的牺牲，那真是太遗憾了。您或许不知道，做一个好妻子、一位好母亲，一直是我的理想职业，即便是在好莱坞为事业打拼，也是为了可以安然地享有今天。"

是的，她认为只要愿意，从此之后的每一天，都可以是"罗马假日"。

是年春天，奥黛丽带着肖恩一起到罗马居住。

新家就在台伯河边，顶层公寓，古色古香，打开窗就能俯瞰半个罗马城。在帝国的余晖中，河水倒映着古老恢宏的建筑群，大片的白色云朵泊在天空，飞鸟不时擦着屋顶飞过，钟声激荡，万物安详。

清晨，奥黛丽喜欢骑自行车送肖恩去当地的法语学校，肖恩已经9岁了，个子长得飞快，对整个世界都充满了好奇。而奥黛丽总是能不厌其烦地为他解答，或者说，奥黛丽可以把自己也当成孩子，做他的朋友，与他一起畅聊所有的趣事。所以，每次母子俩的自行车穿越街道时，都会伴随一路的欢声笑语。

然后，奥黛丽就会在家里看书，照顾小狗，向厨师学习制作正宗的意大利美食。不过在诸多的美食当中，她最为钟情的永远都是番茄酱意大利面和巧克力蛋糕，每当浓郁的香气从厨房里溢出来，她感觉所有的味蕾都在欢呼雀跃。

有时候，她也会花上半天的时间准备一道美食，如果效果满意，她就会戴上墨镜，绑上头巾，穿过几条街道，去找安德烈分享。为了不打扰丈夫的工作，以及不被狗仔拍到，她经常要从后门悄悄溜进去，但只要一看到丈夫的笑容，她所有的辛苦都会烟消云散。

假日则是她最为期盼的。安德烈与肖恩都回到了她的身边，他们可以一起去逛街，去郊外游玩，去拜访朋友，享受家庭生活的芬芳与甜蜜，全然不知岁月流逝的声音。

夏天即将到来的时候，奥黛丽怀上了安德烈的孩子。然而欣喜之余，她不免有点担心意外再次发生，而且罗马的局势也一直不太平静。

经过慎重考虑，她决定搬到和平之邸待产，她相信那里的安宁环境会对胎儿有好处。

1970 年 2 月 8 日，奥黛丽在洛桑的医院生下一名男婴——感谢命运的恩泽，宝宝他非常健康。

他们给这位小小的新的家庭成员取名"卢卡"，他的到来，也再次受到休姆与玛丽的祝福。

原来，他那所谓的虔诚的爱，
不过是途经了一个人的盛放，然后，
爱上了自己给自己制造的幻觉。

28

再见安德烈：他只是途经了她的盛放

1970 年 5 月，奥黛丽带着三个月大的卢卡，匆匆回到了罗马。

只是这一次，促使她离开和平之邸的，却不是对安德烈的思念，而是丈夫接连不断的花边新闻，以及一个又一个传到她耳朵里的陌生女人的名字。

其实，对于意大利男人的"风流传统"，她在婚前早已有所耳闻，但她没有想到，声称爱了她十六年的丈夫，竟也不能在这方面免俗……

"你知道的，一个没有情人的意大利丈夫，是会被其他男人取笑的，就像社交圈里的怪物。"面对奥黛丽的质问，安德烈显得一脸无辜。

"你知道的,一个有情人的意大利丈夫,是会让他的妻子伤心的。你真的是在意他人的眼光,而不是因为忍受不了诱惑吗?"奥黛丽抱着卢卡,伤心地说。

"可是你现在已经回来了……请相信我,让你伤心不是我的本意,请相信以后不会再发生类似的事情。"安德烈给了她一个拥抱。

她相信了他。

然而,有时候选择相信,并非是因为强大,而是因为妥协,因为害怕失去,因为自我安慰,别无选择。

诚然,在罗马,奥黛丽渴望成为一个好妻子、好母亲,会倾尽全力地维持家庭的和睦,但有时候,依旧会感到深深的无力与疲惫。

曾经,安德烈给了她一份猝不及防的爱,让她在巨大的幸福光圈下目眩神迷,居然忽略了他热衷社交,喜欢光鲜生活的本性。

他喜欢参加各种各样的名流派对,喜欢别人称他为"奥黛丽·赫本的丈夫",喜欢将她引见给他的朋友,也喜欢接受媒体的采访,代她回答记者的疑问。

比如有一次,他们去接肖恩,当埋伏在校门口的记者们问及"奥黛丽·赫本什么时候可以回归大银幕"时,他立即摘下墨镜,从车窗里探出头来回复:"很快,她是一位伟大的女演员,我不能因为私心而夺诸位所爱,如果因为我的原因让她不能回归,那可真是一种罪过。"

奥黛丽只能委婉地提醒他："安德烈，请将我当作一个平凡的女人，你的妻子，肖恩和卢卡的母亲，而不是好莱坞的电影皇后……卢卡还这么小，我怎么可能离开他去拍电影，我并没有复出计划。"

安德烈惊讶地说道："不，亲爱的，你怎么可能会是一个平凡的女人呢，你要知道，在罗马，不，无论在哪座城市，你在大街上丢掉一块丝帕，都会变成明天一早的头版头条。"

对此，看着丈夫沉浸在簇拥中的明亮脸庞，奥黛丽只能摇头苦笑，而心底却不可避免地掠过一丝隐忧。

那个坐在她身边的人，他或许爱她，但他真的不懂她。

她要如何告诉他呢，并非是生活消磨了她的雄心，熄灭了她的斗志，而是每个人想要的都不一样。

就像他喜欢繁华的都城，她喜欢朴素的乡村；他喜欢一群人的狂欢，她喜欢两个人的相守；他喜欢奥斯卡影后的四海瞩目，而对她来说，阅遍沧桑之后，感受着孩子们的香甜呼吸，同样是值得用一生守护的珍贵与温柔。

1975 年的初夏，意大利局势愈发动荡。罗马城内，恐怖组织频繁袭击政客名流，绑架勒索时有发生。

奥黛丽记得有一次，她在学校附近就发现过跟踪肖恩的汽车，而安德烈也差点在下班的路上被人绑架，幸好当时有警察路过，他才幸免于难。

这一切都不由得让她想起战时的荷兰，没有安全感，每天都生活在恐惧和担心中，生怕亲人会遭遇什么不测。

于是，就在五月底，接连收到几通勒索电话之后，她终于下定决心，要将孩子们转移到瑞士。

时隔五年，奥黛丽和孩子们又回到了和平之邸。

肖恩转入当地的一所法语寄宿学校就读，很快适应了新环境。

卢卡年纪尚小，每天跟在奥黛丽的身边，他喜欢在花园里自由自在地奔跑，奥黛丽再也不用担心他被罗马记者们的闪光灯吓得哇哇直哭。

每次看着孩子像小树一样一点一点茁壮成长，她就会觉得快乐。

曾经，安德烈向她求婚的时候，承诺让她永远快乐，但通过婚后的生活，她越来越觉得，一个人的快乐不是别人给的，而是自己创造出来的宝贵的精神财富。

安德烈则继续留在罗马工作。

偶尔，他会来探望妻儿——至于他会不会再次对自己不忠，奥黛丽显然已经无暇顾及，也已经超出了她的能力之外。

毕竟古往今来，还没有哪个男人，会因为妻子的贤德而忠心不二；相反，那些在婚姻中自始至终都能保持忠诚的伴侣，也并非日夜相守，或者说都具备超强的自制力，而是因为爱，爱让彼此身心都甘之若饴。

与此同时，奥黛丽的母亲也从旧金山搬来与女儿同住。

近年来，埃拉的身体已大不如前，时感力不从心，如此，她才愿意离开她热爱的公益事业，到和平之邸安度晚年。

但埃拉从不让自己闲下来，她的管理才能甚至胜过了奥黛丽的女管家，经常花最短的时间就能理清楚最复杂的事。

有时候，埃拉会给卢卡讲故事，祖孙俩坐在沙发上，讲一些带恐怖色彩的故事，卢卡一害怕就会躲进她的怀里，她便会摸着卢卡的小卷发，笑得特别慈爱满足。

有时候，在厨房里也能看到埃拉的身影，如果哪一天满屋子都弥漫着咖喱的香气，那么一定是她在制作荷兰味道的咖喱鸡，而且她的心情应该是棒极了。

不久后，一如安德烈所愿，他的妻子制造了一件当时最火爆的新闻——"电影巨星奥黛丽·赫本即将回归银幕，全球影迷翘首以待……"

是的，距离上一部《盲女惊魂记》，奥黛丽已经有将近十年的时间没有出现在大银幕上了。

这一次的剧本是弗林斯送来的，他告诉奥黛丽，他已经为她慎重考虑过，包括她的档期安排、银幕形象等，希望一切都会顺遂她的心意。

导演理查德·莱斯特则带着满满的诚意造访了和平之邸，表示只要奥黛丽愿意出演，影片的拍摄档期可以由奥黛丽来定，比如从暑假中抽取一个月的时间，带着肖恩和卢卡同去……然后，片名也会从《罗宾汉的回归》改成《罗宾汉与玛丽安》（奥黛丽饰演的角色即是"玛丽安"），片酬为一百万美金，只需要工作三十六天。

就这样，奥黛丽签下了合约。

她想，无论如何，作为和平之邸的女主人，她都有义务为了大家的生活去工作。

而《罗宾汉与玛丽安》所讲述的故事，一段发生在中世纪的史诗般的中年之爱，也让她感触颇深。

仿佛一个心灵的回眸，在玛丽安身上，她看到了自己的某些特质，比如可以超越生命与信仰的，对爱情的永恒的渴望。

在影片中，罗宾汉与玛丽安本是一对浪漫的情侣，但战争改变了他们的命运，也让他们天各一方，相隔了二十年。

二十年后，两人再相见，却已世事两茫茫。罗宾汉随东征的十字军返乡，带着满身风雨与沧桑；玛丽安早已成为修女，将爱献给了上帝。

最后，罗宾汉在与敌人的对战中身中剧毒，临死前，他拿出弓箭，对人说道："我的箭落下的地方，就是我的葬身之处。"随即，一支箭随着他深情的目光飞向远方，那正是他与玛丽安相遇的树林。而玛丽安也在同时服下了毒药，她用自杀的方式，脱离了信仰，皈依了爱情。

是年暑假来临时,《罗宾汉与玛丽安》在西班牙的纳瓦尔正式开拍。

理查德的拍摄手段可谓雷厉风行,快得让人不可思议,似乎整部影片都没有多少需要重拍的镜头。

从前一年半载才能完成的影片,如今居然只要一个月左右的时间。签约之前,奥黛丽总担心档期会影响她的生活,但当她真正融入拍摄过程,又时刻担心节奏太快会影响影片质量。当她把这种担忧告诉理查德时,他却一脸无奈地耸耸肩膀:"亲爱的,快节奏早已是好莱坞的一贯手法了……"

果然,她离开好莱坞的这些年,一切都今非昔比了。

而这一切,也将随着时间的流逝,在稚子的成长过程中,留下深深浅浅的痕迹。

肖恩已经 15 岁了,他是披头士的歌迷——理查德就曾因导演过披头士的两部电影而声名大噪。

所以,肖恩每天都会跟在理查德的身后,找理查德"打探"披头士的幕后花絮。对于他来说,这次西班牙之行,应该是一次特别激动人心的体验。

同样,5 岁的卢卡也非常兴奋,他对片场的任何事物都感到新奇。

奥黛丽记得有一次,她正拍摄完一场与男主角久别重逢的戏,卢卡就像小兔子一般跑到她的身边:"妈妈,为什么爸爸没有站在你旁边？我知道了，是因为爸爸没有这么酷的戏服。"

奥黛丽抱着卢卡，心底涌起一股浓稠的苦涩。

事实上，安德烈仅来探过一次班，他大多数的闲暇时间都贡献给了花边新闻，比如近来狗仔拍到的，他与时年 29 岁的一位网球明星之妻在一起的暧昧画面。

影片杀青后，奥黛丽带着孩子们返回瑞士。

她本期望可以重归平静，在和平之邸修养身心，但这时她的母亲又因中风而住院，自此只能在病榻上度过余生。

更令人心酸的是，埃拉那原本冷静睿智的头脑也不复存在了，思想与记忆都开始变得模糊黯淡……只依稀记得一些荷兰旧事，每次奥黛丽与她交谈，都感觉失去了半个母亲。

1976 年 3 月，奥黛丽赴纽约参加《罗宾汉和玛丽安》的首映礼，成千上万的影迷在无线电城音乐厅铺满白色百合与玫瑰——那是奥黛丽最爱的花朵，他们大声喊着："我们爱你，亲爱的奥黛丽！"欢迎她的回归，她忍不住泪流满面。

好在电影并未让观众们失望，他们欣喜地说道："无论时光如何流逝，奥黛丽·赫本的光芒都从未消失。"

然而在银幕之外，却没有人知道她心事沉重，疲惫不堪。

她的丈夫不知忠诚为何物，她的母亲在病榻上一点一点老去，她的经纪人弗林斯也因为身体的原因不得不退休——这便代表着，她在以后的日子里，无论是生活，还是工作，都只能孤身上阵。

1978 年，奥黛丽接下老朋友杨导演的新片《朱门血痕》。

该片讲述一个家族事业的女继承人被人追杀的故事，口碑与票房都不尽人意。

她也不得不承认，她挑选剧本的眼光的确不如弗林斯。

而当时，她与安德烈的婚姻也到了名存实亡的境地。

尽管在好莱坞，她依旧拥有超高的票房号召力，依旧是影迷心中闪耀的明星，但在生活中，她必须面对的一个现实就是，她两次婚姻都是彻头彻尾的失败。

如果说，安德烈在外风流的消息，她还可以委曲求全地忍受，那么他将夜总会女郎带回到家里厮混，还被她亲眼撞见，真的是已经触碰了她的底线。

那一刻，她捂着脸，只觉得十年时光蹉跎，满心耻辱。

于是，奥黛丽向安德烈提出了离婚。

"再见了，安德烈；再见了，曾经爱过我十六年的那个少年。"

她想，或许他也曾对他们的婚姻感到失望，毕竟他爱的只是那个《罗马假日》里的女孩，聚光灯下，万人瞩目……而非一个只想相夫教子，安于平淡生活的普通女人。

当他意识到这一点时，应该也觉得悲伤过。

原来，他那所谓的虔诚的爱，不过是途经了一个人的盛放，然后，爱上了自己给自己制造的幻觉。

29

不放弃自我，永远对生活一往情深

1979 年，奥黛丽 50 岁，经历过两次失败的婚姻，正遭遇心情的低谷，容颜淡去，满身沧桑。

然而也是在这一年，命运之河一路蜿蜒，经历过时间的万千淘漉，世事的披沙拣金，她生命中最后的爱人，终于奔她而来。

是年圣诞节之后，在好友的家宴上，奥黛丽遇见了罗伯特·沃德斯。

罗伯特是居住在美国的荷兰后裔，曾在好莱坞电影中出演过一些角色，但他真正喜欢的还是投资，而且在理财方面颇有心得。他比奥黛丽小 7 岁，体格健朗，举止儒雅，脸上蓄着浓密的络腮胡，一双绿宝石似的眼睛发出温润澄明的光。

席间，他用荷兰话向她致意，脉脉乡音，温情如诉，令她倍感亲切。

他们继而谈论荷兰的美食，50 年代的电影，以及身边的人和久远的事……窗外的灯火漫过城市，只觉岁月惘然。

于是，她便知晓，他当时正遭受着丧妻之痛——他的妻子比他年长 25 岁，常年生病，但他一直不离不弃，守候在妻子身边，直至妻子安然离去。

而在三十多年前的那个战火纷飞的年代，在离阿纳姆不远处的鹿特丹，有一个 4 岁的小男孩，也曾与奥黛丽遭受过同样的伤痛，也曾身处黑暗，每天翘首期盼和平的到来。

他们成了好朋友，彼此相见恨晚。

在这个世界上，白首如新者远比繁星更多，唯有倾盖如故的人，可遇不可求。

1980 年的春天，奥黛丽在纽约拍摄《皆大欢喜》，罗伯特从洛杉矶赶来见她，正式向她表明心迹。

他告诉她，在彼此第一次相见的那个晚宴上，他就对她一见如故，难以忘怀。

"那一天，你穿过人群向我走来，我的心瞬间被击中，你优雅，美好，眉间有淡淡哀愁，但目光又是那么坚韧与宽容，是你的笑容融化了我的悲伤，我仿佛可以触及你珍珠般的灵魂，你的一切都让我念念不忘……"

他还告诉她，相比她璀璨夺目的明星身份，他更关心的是，她独自支撑生活的隐忍，以及那些不足为外人道的辛酸。

他说，他希望可以照顾她，爱她，待她如珍宝，直至生命的终结，始终坚贞如一。

她拥抱着他，霎时泪流不止。

她相信他。

尽管曾听过那么多虚空的海誓山盟，字字如诺，但她依然愿意相信，一个曾对妻子深情刻骨的男人，必定有着不可多得的忠诚，以及值得交付的真心。

更难得的是，就连奥黛丽的母亲也很认可罗伯特。

因为从她的第一任男友开始，几十年来，埃拉还是第一次对她选择的恋人心生欢喜。

有时候，罗伯特造访和平之邸，埃拉还会将她的一些感受用荷语告诉罗伯特，而罗伯特也总是能够润物细无声地处理好她的一切要求，比如为她做一份荷兰烩菜，或者是香气四溢的咖喱菜肴。

是的，罗伯特个性温良，富有耐心，通常一个电话，他就可以飞到奥黛丽的身边，安抚她的心绪，对她坚定又温柔地说道："别担心，有我在。"

1981 年，奥黛丽的父亲病危，罗伯特陪她飞往都柏林，见父亲最后一面。

罗斯顿躺在床上，苍老，虚弱，眉间依旧冷傲，已经没有力气回抱自己的女儿。

然而罗斯顿在弥留之际却对罗伯特附耳相告："奥黛丽永远都是我的骄傲……当年的事情，一言难尽……但我的确怅憾了半生。"

奥黛丽忍不住失声痛哭。

好在还有罗伯特在她身边，他用爱意的江河，填满了她心上的沟沟壑壑。

1984 年，奥黛丽的母亲也过世了。

埃拉走得很安详，临终前，她留给女儿的遗嘱只有一句话："永远不要吝啬自己的善意。"

罗伯特以女婿的身份与奥黛丽一起操办了埃拉的后事，在埃拉的遗体前，他们为她摆满了荷兰的郁金香。

奥黛丽与罗伯特一直没有登记结婚，也没有举行婚礼。

之前，是因为与安德烈分居后，离婚判决书拖了三年才正式下达——在此期间，奥黛丽在法律上还无法与罗伯特结合；而之后，经过长时间的相处，他们之间的感情，又完全不需要一纸婚书的承认。

他们不仅是知己，是亲人，是情人，更是志同道合的战友，生死不渝的伴侣。

他们之间没有石破天惊的浪漫与心动，却有着静水流深的爱意与温存。

他们相爱，而且相配。

罗伯特搬到和平之邸居住后，他们就过上了朴素的田园生活。

这一切都是奥黛丽曾梦寐以求的。

他们可以随心所欲地读书，看报，遛狗，料理果园，去附近的市场闲逛，到山道上散步，葡萄园里品尝威士忌。

一起在晨露未干时剪下最美的花枝，布置房间。

一起在夕阳西下时站在丰收的地窖前，拍拍衣服上的尘土，情不自禁地奖励对方一个拥抱。

一起在寂静的夜晚，看电视，聊天，相拥而眠。

一起研究美食，或者用美食招待好友与孩子们。

他们从不曾争吵，都相信简约是抵达安宁生活的唯一路径。

他懂她每一个细微的眼神，她知晓他内心每一次温柔的波动。

他们在一起的日子，似乎可以闻到时间的香气。

偶尔，他们也会去参加一些慈善活动。

每次出门前，罗伯特都会打理好一切事务，包括蹲下身来为奥黛丽整理裙边，而奥黛丽只需要抱着她挚爱的小狗，享受他宠溺的目光。

但带着小狗乘坐飞机是一件让人头疼的事情，通常都要遭到乘务员的阻拦。

"唔，不能通融一下吗？我可是奥黛丽·赫本。"她努力让自己看起来严肃。

乘务员看着她，让步了。

她立刻拉着罗伯特，满脸欣喜地走入机舱。

"你刚才真像个大孩子。"罗伯特拍拍她的头。

她靠在他的肩膀上："亲爱的罗比，你知道的，我唯一不介意的，就是为我的小汉堡包们挂出奥黛丽·赫本的明星身份。"

而当他们到达目的地，那里的记者问起他们为何不举办婚礼时，他与罗伯特又默契地相视一笑——

"因为不需要。如果非要找一种解释的话，我们感觉这样的状态更加完美。真正的爱情，不需要婚书的约束，反而愈加坚定，长久。"

想一想，也真是讽刺，在她最美的年华，曾与之步入婚姻殿堂的人，偏是伤她最深，而当她芳华褪去，这个与她灵魂相契，志趣相投的人，却给了她最好的爱情。

她的生命，因此而新生。

自从罗伯特来到她的生活中，她之前面对的那些问题与死结，仿佛都能迎刃而解了。

她又变得开朗起来，恢复了自信与从容，拓宽了生命的宽度与广度，对世界充满了绵绵情意。

她再也不必将就任何人，再也不用忧愁老之将至。

曾有那么多的人，爱过她的光芒，爱过她容颜的娇艳欲滴，却少有人懂得她青春逝去后，灵魂的慈悲与美丽。

那么一个女人要如何才能永不枯萎？

应该是相信爱，不放弃自我，永远对生活一往情深。

毕竟生涯漫漫，岁月如刀，仅凭美貌到底是独木难支，更遑论挨过命运的枪林弹雨。

只有把自己活成一件艺术品，才能越活越珍贵，不被年龄所困，所腐朽。

只有心存善意与爱，才能让生命的源头保持清澈，永不干涸。

只有对抗，才能战胜苦难，而不被苦难改变。

只有不断练习爱的能力、精神的强度与韧性，才能在经历命运的击打、生活的过滤、时间的盘剥、世事的倾轧、情感的磨砺之后，依旧守护好一颗初心，翩然行走世间，将眉间的山川化作嘴角的春风，去温暖每一个人。

30

亲善大使：美是天赋，爱是能力，而善是选择

"你为什么加入联合国儿童基金会？"

"作为一个曾经在儿时经历过战乱的人，没有人会比我更明白孩子对和平的渴望。我希望可以奉献自己。这些年，我把握住了所有助人的机会，无论是义卖，募捐，还是和平音乐会……但仅此尚不足以让我发挥最大的能力。我希望走上一条更艰难，也更有意义的道路，为和平事业竭尽所能。"

1988 年 4 月 15 日，一个值得纪念的日子。这一天，奥黛丽的申请正式通过，成为联合国儿童基金会公开任命的"亲善大使"。

尽管这份新工作只有一美元的象征性报酬，就连差旅食宿都没有任何补助，而且还存在着极大的风险，比如感染疾病，遭受人身伤害，随时都有性命之忧……但她依然觉得荣幸之至。

　　于她而言，这是她感恩的方式，是一份圣洁的使命，也是生命中不可多得的神迹光临的时刻。

　　如今，她的孩子都已成年，她的情感再无羁绊，而多年前播种在她心底的那枚爱的种子，也已经随着时间的推移，长成了参天大树，到了可以庇荫旁人的时候了。

　　罗伯特是人道主义的信仰者，也是向奥黛丽介绍联合国儿童基金会宗旨和要务的人——多年前，他们都曾身处黑暗，然后被人道主义机构救助。

　　这一次，他又成了她最好的搭档。

　　他们将一起去那些被战火与饥荒折磨的国家收集资料，再通过媒体筹集善款，为孩子们发声，用自己的明星影响力，为和平贡献一分微薄的力量。

　　他们开始为出使埃塞俄比亚做准备，接种疫苗，签署文件，收拾最简单的行李。从电视和报纸上，他们获悉了那里的灾情，战火，干旱，饥荒，疾病……不由心急如焚。

　　当时，那里还是全世界最贫穷的国家，才发生过一场内战。所以也有无数的孩子，正徘徊在死亡的边缘，据说，每年都有四分之一的孩子活不到 5 岁。

于是，在接受任命仅一周后，他们就迫不及待地动身了。

他们乘坐一架破旧的飞机，到达东非，然后换乘大卡车，坐在麻袋上，一路颠簸穿越干裂的平原，最后到达埃塞俄比亚北部的一个村庄。

踏足那片土地，一切都是那么触目惊心。

战争的硝烟尚未散尽，整个村庄都脏乱不堪，没有电，没有水，没有燃料，没有卫生设备。当有人因疾病而死去，旁人只能把他放在路边，用枯草掩盖，因为他们连挖掘坟墓的铲子都没有。

小孩子们则赤身裸体地在污水沟里取水喝，更小的婴儿只能奄奄一息地躺在母亲怀里，而他们的母亲也因为极度缺乏营养流不出乳汁……

但奥黛丽依然看到有一位母亲，为了给孩子寻找食物，徒步行走了三个星期。

奥黛丽也看到，伤病与痛苦布满了每一张脸，但依然有许多人会顽强地用手翻开干旱的土地，寻找干净的水源和播种粮食。

在默克莱的一家孤儿院，奥黛丽抱起一个个小婴儿，亲吻他们的面颊，给他们拂去身边的苍蝇，又分给大一点的孩子们零食吃。

他们全都骨瘦如柴，身上有着各种各样的疾病，但亮晶晶的眼睛里，还是会流露出对生命的强烈渴望。

当奥黛丽学着用当地的语言与孩子们交谈时，他们立即围了上来，不再感到恐惧，脸上有了笑容，还会用小手抚弄她的衣袖和马尾辫。

奥黛丽问其中一个小女孩："你最大的梦想是什么？"

她用方言小声回答道："活着。"

奥黛丽把她抱在怀里，心里压抑着，刺痛着，一下难过到了顶点。

在他们面前，死亡时刻都在发生，只要活下去，就已经是幸运至极。

但即便是身处在这样的境况中，这片苦难的土地上，童真和希望也从未消失，这让奥黛丽在心碎之余，又有了一丝宽慰和乐观。

埃塞俄比亚之行结束后，奥黛丽带着所有的影像资料，前往许多发达国家召开记者招待会和募捐活动，呼吁政府及有能力的社会人士对灾区进行援助。

奥黛丽告诉美国《时代周刊》的记者，当务之急，就是尽快筹集资金，为灾民们修筑一个水库，然后在给予他们帮助的同时，也让他们看到大家坚定的爱心。

有一名记者问奥黛丽，去往"第三世界"会不会觉得恐惧。

"不，我们从来都是身处在一个世界。没有第二世界、第三世界，我们与那些受苦的人们，都是同胞。"奥黛丽纠正道，"没有恐惧。我会满怀热情去往任何需要帮助的地方。因为除却灾难和痛苦，我看到的还有他们的尊严、耐心，以及渴望和平的意志，这些都让我深受感触。我相信自始至终，这份工作都能让我神采奕奕。"

是的，奥黛丽每天工作二十个小时，却甘之如饴，只觉时不我与——恨不得每天有四十八小时的时间，让她为和平事业多聚集一分力量。

她非常明白，要成为一名合格的亲善大使，绝不只是到灾区走马观花一趟，说几句"我爱儿童"就能算数的。如果真心想帮助那些难民，就必须知道灾难发生的原因，知道他们国家的历史，当地的每一种真实需求，以及一切确切的数据……

而这些都值得让她挑灯夜战，全力以赴。

1988 年 6 月 1 日，奥黛丽与罗伯特又奔赴土耳其，去参加一场疫苗接种活动。

他们走进每一家诊所，协助医生接种，普及疫苗知识，同时召开记者招待会，与媒体讨论如何控制流行病的发生——当时在土耳其，每年都有无数儿童被麻疹、肺结核、破伤风、小儿麻痹等流行病夺走生命。

在那里，奥黛丽看到有一个孩子孤独地坐在门边，看着其他孩子追逐打闹，当奥黛丽走近她身边时，才发现她下肢失去了行动的能力，而她所患的正是小儿麻痹症。

如果她一出生就能接种疫苗，想必她的整个人生都会发生改变……

接下来是委内瑞拉、厄瓜多尔……到了圣诞节时，他们的足迹已经走过了十四个国家，为各地需要帮助的孩子们筹集善款两千多万美元。

当然，也曾有人嘲讽奥黛丽做的一切毫无意义，甚至质疑她是炒作。

她反问道："奥黛丽·赫本需要炒作吗？"

多年以来，她对推销"奥黛丽·赫本"都没有什么兴趣，但她有兴趣告诉人们，她和同事们可以如何帮助那些身处险境之中的孩子。

如果说美貌是一种天赋，爱是一种能力，那么善就是一种选择。

选择善良，选择这种使命，于她而言，不仅是义务，更是作为一个人活在世上的第一意义。

就像曾经，她为自己的孩子，可以离群索居，避开镁光灯。如今，为了更多的孩子，她也可以走遍世界，做节目，举办活动，参加演讲，全天开放访谈。

就像更年轻的时候，她也曾雄心勃勃，"我要月亮奔我而来"。如今，为了那些受苦的孩子，她愿意跋山涉水，去为他们摘月亮。

1989 年，奥黛丽参与的"生命线行动"还在继续。

在救助难民的同时，也努力让整个社会都意识到救助的重要性。

奥黛丽记得有一次，他们需要穿越苏丹南部——那里正经历一场种族大屠杀，为难民送去紧急救援食品和药物，但就在他们快要抵达目的地的时候，他们的汽车却被一小队叛军劫持了。

紧接着，战斗机就像饥饿的老鹰一样在空中盘旋，不远处也传来了地雷爆炸的声音……

他们只能待在车里，因为一出门就极有可能被误杀。

几个小时过后，奥黛丽不想再僵持了，时间宝贵，早一分钟到达，或许就能多拯救一条生命。

奥黛丽随即提出想单独约见叛军统领。

经过一番搜身检查，奥黛丽站在了那名统领面前。她向他表明了自己的身份，她是联合国儿童基金会的亲善大使，她也是奥黛丽·赫本。

最后，不知道是她的人道主义演说让他放松了警惕，还是她的明星影响力拯救了自己，他们的汽车终于得以放行了。

而难民营中的景象，带给奥黛丽心痛之余，又不免令她反思，人类自己酿造的悲剧远比自然灾害更可怕。

要如何的孩子们免受饥渴、疾病、虐待和死亡？

当灾难发生在孩子身上时，目睹这一切的人会毫不犹豫地把他抱起来，送到医院，不去考虑任何宗教和政治因素，但只有让他们生活在和平的环境里，才能真正杜绝灾难的途径。

1989 年 5 月，奥黛丽抽空参加了电影《直到永远》的拍摄，也是她演艺生涯中的最后一部电影。

同时，这部影片将给她带来一百万美元的片酬，让她可以捐献给联合国儿童基金会，去确切地帮助灾区的难民们。

她在电影中饰演一位名叫哈普的天使，身着朴素的白色毛衣出镜，为一位早逝飞行员的灵魂指点迷途，让他明白，在这个世上，只有心存爱意，便可以让情感不受时间和空间的局限，超越生死。

"如果有一天，我们离开了这个世界，有人因为我们而变得更好，那就不必再有遗憾。"

电影中哈普的话，同样可以成为现实里奥黛丽亲善工作的注脚。

在遇到生死考验，或是嘲讽质疑的时候，她就会经常提醒自己——既然从善如登，那就但行好事，莫问前程。

一只白鸽要飞越过多少片大海

才能在沙滩上得到安眠

炮弹要多少次掠过天空

才能被永远禁止

一个人要抬头多少次

才能望见天空

一个人有多少只耳朵

才能听见哭声

究竟要失去多少条生命

才能知道太多的人已经死去

我的朋友啊，答案在风中飘扬……

　　就像鲍勃·迪伦在歌中唱的那样，战争何时停止，和平何时
到来，除了风，没有人知道答案。

　　或许，奥黛丽的力量，对于世界上所有的难民孩子来说，仅
仅只是萤火的光亮，但她始终相信，这种光亮虽然微弱，也足以
照亮一个孩子的希望，在他们在绝境中不放弃求生的可能。

　　她也相信，这种光亮必将唤醒更多的光亮，为苦难中的人们，
逼退寸寸黑暗，最终带来黎明。

泰戈尔说，死如秋叶之静美。
她也希望，不久之后，她的肉身可
以如叶片一般安静地逝去，肉身沉
眠于大地，灵魂获得永远的自由。

31

这个世界，我来过，我爱过

1990 年 4 月，受美国 PBS 电视台之邀，奥黛丽在一部名为
《世界花园》的纪录片中担任主持人，负责向观众介绍世界各
地的花卉。

英国、法国、美国、日本、荷兰、意大利、多米尼加……辗
转各国录制的整个过程，就像参与编写了一卷关于花的百科全书，
美丽的大自然是最好的背景，岁月河川，草木花树，音乐轻轻流泻，
每一帧画面都能带给人奇妙芬芳的感官体验。

两年后，这部纪录片为奥黛丽赢得了一座艾美奖，让她实现
了年轻时所期盼的在有生之年拿下四大艺术奖项（奥斯卡奖、托

尼奖、格莱美奖与艾美奖）的心愿。

而彼时，她已无心看风景，摄制工作一结束，她就匆匆回到和平之邸，与罗伯特会合，准备下一阶段的亲善工作。他们要去越南，要在全欧洲发动募捐……同时也要将拍摄纪录片所获的酬劳捐赠给联合国儿童基金会。

是的，随着年龄的增长，她发现自己对于物质与名利的需求已经变得越来越少，想要付出爱心的愿望，想为孩子们抗争的信念，则越来越强烈。

尤其是在身体有恙之后……

1992 年 9 月，在经历长达一年的筹备工作之后，奥黛丽和罗伯特出访索马里的申请终于被批准了。

"请务必万分小心，你们的飞机随时都可能被击落。"

但无论如何，他们志在必行——总要有人去建立第一份索马里的出访档案。如果不能亲涉险境，为身处苦难深渊中的孩子们发声，那么亲善两个字又有何意义？

然而，尽管之前做好了心理准备，也曾亲临"地狱"——经历战争，目睹埃塞俄比亚和孟加拉国的灾难，但当他们真正抵达索马里时，还是无法相信眼前的景象。

持续内战，饥荒连年，流行病大规模爆发，抢劫猖獗，缺乏援助……那一片土地，早已沦为"地狱中的地狱"。

村落破旧不堪，满眼都是红色的沙土和隆起的土包，河边，帐篷边，道路旁，此起彼伏——随行人员告诉奥黛丽，那些都是坟墓，每天都有无数人死去，而得以存活的人，也都是气若游丝，形同魅影。

而孩子们都虚弱地坐在树下，等待续命的食物。空气死寂，阳光毒辣，苍蝇挥之不去……他们一个个睁着无助的大眼睛，全都瘦到了极点。还有些孩子已经无法进食，他们躺在角落里，身上只剩下一块遮掩的破布。

没有人知道，他们是不是还能熬到明天。在这片土地上，每年都有近千万的人被活活饿死，如果加上天灾，死亡人数还会增长。

那一天，奥黛丽就亲眼看到一辆运送儿童尸体的卡车，从她身边开过去，一百多个刚刚死去的孩子，就那样被送到野外的万人冢草草掩埋。

她捂住脸，就像陷入了无边的梦魇。

回到和平之邸后，奥黛丽告诉罗伯特，必须倾尽全力地去拯救那些孩子，无论付出怎样的代价。

那么首先，就是要引起媒体的关注，将索马里的情况如实叙述出来，然后让当局政权出动军方的力量，终止暴力，维护和平，发放物资……从人道主义的角度来说，索马里的灾难，全世界都不应该袖手旁观。

奥黛丽召开记者会，又拜访了美国总统布什先生，向他诉说了她的见闻与感想，并请求他派遣几千名士兵，去那里为灾民们发放食物与医疗物资，尽量让孩子们活下去。

于是，很快，维和士兵们就踏上了那片生灵涂炭的土地。

索马里的灾情终于得到了缓解。

但就在这个时候，奥黛丽的健康出现了严重的问题……

从索马里归来之后，她的胃下部就经常出现痉挛的状态，接着就是排山倒海的疼痛。

自进入联合国儿童基金会工作以来，她的亲友们就一直担心她会因为太过劳累而倒下。

只有她不以为然，拼命工作，只争朝夕。

直到出访索马里，她容颜枯槁，心力交瘁，胃部持续疼痛，一夕之间，仿佛苍老了 10 岁。

但她还是强撑病体，借着止痛片的药效，参加了好几场大型募捐活动之后，才去洛杉矶的西奈山医院进行检查。

通过 X 射线，医生告诉她，她的阑尾上长了一颗肿瘤，需要马上做手术来确定肿瘤是否恶化。根据医生的推测，肿瘤已经在她的身体里潜伏了五年。

手术很顺利，肿瘤被切除了，一部分结肠也做了修复手术。罗伯特与肖恩全程陪伴着她，让她对康复满怀信心。

躺在病床上的她非常虚弱，不能进食，只能靠点滴维持生命。但她每天都会告诉自己，还有许多工作未完成，那些正在受苦的孩子，还在等待着她……希望用精神的力量驱散身体的苦痛。

她对前来探视的朋友们说道："你看，我现在成了他们中的一员。"

然而就在三个星期之后，一阵剧烈的腹痛再次袭击了奥黛丽，她又被推进了手术室。

在第二次手术的过程中，医生告诉她的家人，她的肠道严重堵塞，癌细胞也已经扩散……

在这个世界上，她只有不到三个月的生命了。

肖恩当场哭了出来："我感觉整个世界都坍塌了……"

罗伯特也痛苦地捂着脸，无法接受这个残酷的事实。

几天后，全世界都知道了奥黛丽不久于世的消息。

所有的媒体都在回顾她的银幕生涯，以及在联合国儿童基金会所做的贡献，人们称她为"圣奥黛丽"，将她的照片捧在手里，与特蕾莎修女一起，为她的身体虔诚祈福。

感动之余，她也只能在心里叹息一声，她曾目睹过那么多的人间灾难，早已不惧怕死亡，她只是为此生未完成的事业而深表怅憾。

是年 12 月中旬，奥黛丽深知自己时日无多，便提出想回到和平之邸，度过生命中的最后一个圣诞节。

于是，纪梵希用他的私人飞机送她回家。

当奥黛丽一行安全抵达瑞士后，他又给了她一个惊喜，整个和平之邸的大厅都铺满了白色的鲜花，犹如置身圣洁的天堂。

她的亲人们也都到来了，他们小心翼翼地围绕在她的身边，目光里充满了不舍与心疼。

她柔声告诉他们："除了担心那些受苦的孩子，我此生已经再无遗憾了。儿时的我是那么向往童话，而到了生命的尽头，我发现，自己的一生，过得比童话故事还要精彩。"

那段时间，奥黛丽除了卧床休息，接受治疗之外，每天也会去和平之邸的花园里小坐一会儿——那里一直是她最钟爱的地方，每一寸土地，每一株草木，都让她依恋。

圣诞节前夕，她在花园里捡了一些树叶，附在贺卡里，给朋友们送去节日祝福。贺卡上，她引用的是泰戈尔的诗句：

请不要为即将远行的人悲伤，想念我的时候，就请多看一眼新生的婴孩，早春的花朵。

就像遵循四季轮回的自然规律一样，事到如今，对于生命的荣枯，她已彻底释然。

泰戈尔说，死如秋叶之静美。她也希望，不久之后，她的肉身可以如叶片一般安静地逝去，肉身沉眠于大地，灵魂获得永远的自由。

圣诞节终于到来了。

那一天，坐在温暖的壁炉边，奥黛丽被浓郁的爱意包围着，开始给最挚爱的亲友们派送节日礼物。

她送给家庭医生贝蒂一条纪梵希的围巾，感谢贝蒂的悉心照顾。

送给纪梵希的是一件大衣，在衣领上，奥黛丽留下了一个吻，并告诉他，她的灵魂将永远庇护着他，与他同在。

……

她拉着罗伯特的手，告诉他："你是我永远的爱人。"请求他美好地活着，并与他约定，如果有来世，她一定要第一个遇见他。

奥黛丽拥抱肖恩和卢卡，告诉他们，一定要相信爱，要像锻炼自己的身体一样去锻炼爱的能力。因为只有爱，才能够治愈世间的一切伤痕，让心灵获得安宁。

然后，奥黛丽朗诵了一首诗歌。

诗歌由她改编自作家萨姆·莱文森写给后辈的一封书信，将其取名为《永葆美丽的秘诀》。那些被爱与智慧照耀的句子，曾无数次地给过她勇气和力量，让她在荆棘载途的一生里，始终守护着灵魂的花朵，永不腐朽。

魅力的双唇，源于亲切友善的语言。

可爱的双眼，源于善于捕捉别人的优点。

苗条的身材，源于乐意将食物与饥饿的人分享。

美丽的秀发，源于每天有孩子的手指穿过它。

优雅的姿态，源于习惯与知识同行。

人若要成为真正意义上的人，必须充满精力，自我反省，自我更新，自我成长，而不要向他人抱怨。

请记得，如果你需要帮助，帮助你的只会是自己的双手。

随着岁月增长，你会发现，你有两只手，一只帮助自己，一只帮助他人。

你的"美好往事"就在前方，希望你能全部拥有……

最后，她望着远方的灯火，在朦胧的泪光中，许下最后的圣诞心愿——愿孩子们不再受苦，愿这个世界充满爱与和平。

1993 年 1 月，奥黛丽感觉自己越来越疲惫，在药物的作用下，经常整日昏迷。

意识清醒的时候，她再次嘱咐家人们，后事务必从简。

"这个世界，我来过，我爱过，如今离开，无怨无悔。"

1 月 20 日，夜幕来临，月华初生时，奥黛丽用尽全身的力气向亲人们做最后的告别——

"我太累了，需要休息一会儿。不要为我哭泣，请记得为我微笑……"

　　于是，她也微笑着，在来自阿尔卑斯山脉的春风中，安详地闭上了眼睛。

　　是时，仿佛所有的蝴蝶都来到了她的身体里，它们用翅膀将她托起，越飞越高，越来越轻……

　　古老留声机的声音在房间里叮咚流淌，巴赫的音乐如新月撒下的光芒。

附录

天使在人间

一、赫本的光影流年

1948 年

电影《荷兰七课》

导演：林登

1949 年

舞台剧《鞑靼酱》

1950 年

舞台剧《开胃酱》

1951 年

电影《野燕麦》

导演：查尔斯·桑德斯

电影《天堂笑语》

导演：马力欧·赞比

电影《少妇轶事》

导演：亨利·卡斯

合作演员：琼·格林伍德，奈吉尔·帕特里克

电影《薰衣草山的暴徒》

导演：查尔斯·克瑞奇顿

合作演员：亚历克·吉尼斯，斯坦利·霍洛威

1952 年

电影《双姝艳》

导演：梭罗德·迪金森

合作演员：瓦伦蒂娜·格特斯，斯坦利·霍洛威

电影《蒙特卡洛宝贝》

导演：让·波尔

音乐剧《金粉世界》

导演：雷蒙·胡勒

电视剧《雨天在天堂路口》

导演：戴维·利奇

1953 年

电影《罗马假日》

导演：威廉·惠勒

合作演员：格里高利·派克，埃迪·艾伯特

1954 年

电影《龙凤配》

导演：比利·怀尔德

合作演员：亨弗莱·鲍嘉，威廉·霍尔登

音乐剧《翁蒂娜》

导演：佛列德·伦特

合作演员：梅尔·费勒

1956 年

电影《战争与和平》

导演：金·维多

合作演员：亨利·方达，梅尔·费勒

1957 年

电影《甜姐儿》

导演：斯坦利·多南

合作演员：弗雷德·阿斯泰尔，凯·汤普森

电影《黄昏之恋》

导演：比利·怀尔德

合作演员：加里·库珀，莫里斯·切瓦力亚

电视电影《魂断梅耶林》

导演：柯克·勃朗宁，安纳托尔·李维克

合作演员：梅尔·费勒，罗恩·格林

1959 年

电影《翠谷香魂》

导演：梅尔·费勒

合作演员：安东尼·博金斯，李·科布

电影《修女传》

导演：弗雷德·金尼曼

合作演员：彼得·芬奇，伊迪斯·伊万斯

1961 年

电影《蒂凡尼的早餐》

导演：布莱克·爱德华兹

合作演员：乔治·佩帕德，帕德里夏·妮尔

电影《双姝怨》

导演：威廉·惠勒

合作演员：雪莉·麦克雷恩，詹姆斯·加纳

1963 年

电影《谜中谜》

导演：斯坦利·多南

合作演员：加里·格兰特，沃尔特·马修

电影《巴黎假期》

导演：理查德·奎因

合作演员：威廉·霍尔登

1964 年

电影《窈窕淑女》

导演：乔治·库克

合作演员：雷克斯·哈里森，斯坦利·霍洛威

1966 年

电影《偷龙转凤》

导演：威廉·惠勒

合作演员：彼得·奥图尔，埃里·瓦拉赫

1967 年

电影《俪人行》

导演：斯坦利·多南

合作演员：阿尔伯特·芬尼，伊莲诺·布罗

电影《盲女惊魂记》

导演：特伦斯·杨

合作演员：艾伦·阿金，理查德·克里纳

1976 年

电影《罗宾汉与玛丽安》

导演：理查德·莱斯特

合作演员：肖恩·康纳利，罗伯特·肖

1979 年

电影《朱门血痕》

导演：特伦斯·杨

合作演员：本·戈扎那，詹姆斯·梅森

1981 年

电影《皆大欢喜》

导演：彼得·博格丹诺维奇

合作演员：本·戈扎那，佩蒂·汉萨

1987 年

电视电影《窃贼之爱》

导演：罗杰·扬

合作演员：罗伯特·瓦格纳，帕特里克·波查

1989 年

电影《直到永远》

导演：史蒂文·斯皮尔伯格

合作演员：理查德·德莱弗斯，霍利·亨特

1993 年

纪录片《世界花园与奥黛丽·赫本》

导演：布鲁斯·弗兰基尼

合作演员：麦克尔·约克

二、赫本永葆美丽的秘诀

1

魅力的双唇，源于亲切友善的语言。

可爱的双眼，源于善于捕捉别人的优点。

苗条的身材，源于乐意将食物与饥饿的人分享。

美丽的秀发，源于每天有孩子的手指穿过它。

优雅的姿态，源于习惯与知识同行。

2

女人的美丽不在于外表，

真正的美丽折射于一个女人的灵魂深处，

在于亲切的给予和热情。

3

如果你在任何时候需要援助之手，

你可以发现它们就在你的手臂上。

随着岁月增长，你会发现你有两只手，

一只用来帮助自己，另一只用来帮助他人。

4

女人的美丽不在于她的服饰，她的珠宝，或者她的发型。

女人的美丽要从她的眼睛里寻找，

因为那是通往她的心灵深处的窗口，是爱居住的地方。

一个女人的美丽随着岁月而增长。

图书在版编目（CIP）数据

岁月从不败美人：优雅女神赫本传 / 纪云裳著 . —— 南京：
江苏凤凰文艺出版社，2019.9
ISBN 978-7-5594-1763-3

Ⅰ . ①岁… Ⅱ . ①纪… Ⅲ . ①赫本 (Hepburn,
Audrey 1929–1993) –传记 Ⅳ . ① K837.125.78

中国版本图书馆 CIP 数据核字 (2019) 第 139979 号

岁月从不败美人：优雅女神赫本传

纪云裳　著

出　版　人	张在健	
责任编辑	白　涵　刘洲原	
特约编辑	李梦芸	
装帧设计	仙　境	
责任印制	刘　巍	
出版发行	江苏凤凰文艺出版社	
	南京市中央路 165 号，邮编：210009	
网　　址	http://www.jswenyi.com	
印　　刷	三河市国新印装有限公司	
开　　本	880 毫米 ×1230 毫米 1/32	
印　　张	9	
字　　数	180 千字	
版　　次	2019 年 9 月第 1 版　2019 年 9 月第 1 次印刷	
书　　号	ISBN 978 - 7 - 5594 - 1763 - 3	
定　　价	42.80 元	

江苏凤凰文艺版图书凡印刷、装订错误可随时向承印厂调换